ABRAVANEL ET SON ÉPOQUE

PARIS. — IMPRIMERIE A. WITTERSHEIM,

Rue Montmorency, 8.

ABRAVANEL

ET

SON ÉPOQUE

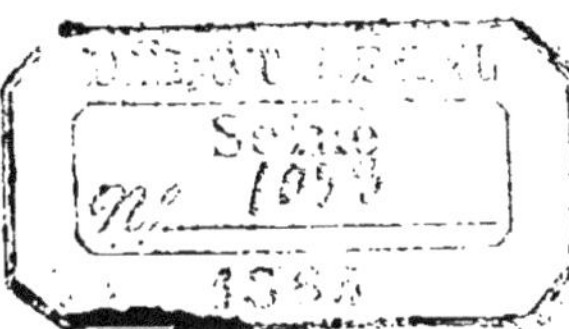

LES DERNIERS JOURS

DE

L'HISTOIRE DES JUIFS D'ESPAGNE ET LEUR EXIL

(XIVe ET XVe SIÈCLES)

PAR

Moïse SCHWAB

> « Si transfere sedes cogerentur, major
> vitæ metus quam mortis. »
>
> TACITE, *Hist.* L. V. C. 13.

PARIS

AU BUREAU DES *ARCHIVES ISRAÉLITES*

RUE PAVÉE-AU-MARAIS, 15

1865

AVANT-PROPOS

La vie et les travaux d'Abravanel nous ont paru mériter
assez d'intérêt pour nous permettre d'étendre un peu, au
delà de ses limites primitives, l'étude consacrée à ce sujet.
En principe, il ne s'agissait ici que d'exposer la biographie
de ce ministre espagnol : mais comment peindre cette mâle
figure, comment en faire ressortir les traits caractéristiques,
sans présenter également, comme fond du tableau, la scène
sur laquelle se produisit son activité? Quelles étaient les
tendances intellectuelles et la civilisation relative de cette
époque? Quel était le cercle au milieu duquel don Isaac a
vécu? De quels enseignements lui était-on redevable et quelles
doctrines a-t-il fournies? Dans quelle situation civile et
politique se trouvaient ses concitoyens par rapport aux
autres peuples? Et enfin, comment étaient alors considérés
ses coreligionnaires espagnols, portugais et italiens?

Ce sont là des questions qui doivent naturellement se présenter à la pensée, pour peu que l'on cherche à se reporter
à cette époque, à s'en former une idée nette, et à savoir
comment un juif a pu, dans ces derniers siècles du moyen
âge, occuper à plusieurs reprises le poste critique de ministre du roi.

Par suite, et comme conséquence nécessaire de cet ordre
de considérations, il devait en résulter quelques développe-
ments, qui ont été répartis entre les quatre sections suivantes :

1° *L'origine* de ce docteur, contenant quelques mots sur
sa famille et ses ancêtres établis depuis longtemps au Portugal, ainsi que les traditions primitives et les faits historiques

d'une authenticité moins douteuse, sur les premiers établissements des Hébreux dans la Péninsule.

2° *Sa vie* : Outre les particularités concernant l'homme privé, il convenait d'examiner les faits publics auxquels participait le personnage officiel, et dans lesquels le poids de son autorité n'était pas de peu de valeur, bien qu'elle ne réussît pas toujours à écarter le mal.

3° *Ses travaux* : L'homme politique y apparaît d'une manière peu sensible ; mais le penseur, le philosophe, l'exégète rationel se laisse déterminer sans détour et sans la réticence de langage, que comportent parfois les écrits modernes. Cet écrivain est pourtant un croyant zélé ; et, au jour du triomphe de l'Inquisition, accepte l'exil et la misère, au lieu des honneurs et de la richesse, pour ne pas renoncer à la foi de ses aïeux. Telle est l'idée dominante que nous voudrions faire ressortir par cette esquisse.

4° *Ses fils et ses contemporains* : Les derniers paragraphes compris sous ce titre ont pour but de présenter quelques données sur les descendants de cet interprétateur de la Bible, dont les fils furent presque les seuls disciples par suite de ses fréquents déplacements ; puis viennent, comme synchronisme, quelques vues générales sur ses contemporains, sur la dispersion des exilés et les lieux de refuge qui leur ont été octroyés.

L'étendue de ce plan a nécessité une longue série d'articles, publiés par le Recueil bimensuel des *Archives israélites* : le commencement en a paru dans les derniers numéros de l'année 1853, la suite dans le courant de 1864 et la fin en 1865, à de longs intervalles, suivant des intérêts divers d'actualité et d'opportunité inhérents à tout journal. En outre, la *Revue Orientale*, publiée sous les auspices de la *Société d'Ethnographie*, a bien voulu nous faire l'honneur d'insérer, dans quelques-uns de ses numéros, les principales parties biographiques et historiques de ce travail, au point de vue de la migration d'une peuplade entière, et de son attachement pour le pays natal ; *Caritas patrii soli.* Mais nous n'avons pas cru devoir y publier bien des parties, touchant par tant de côtés aux doctrines religieuses et à l'histoire des persécutions produites par l'intolérance.

Il nous a donc semblé qu'il n'était pas hors de propos de réunir ces divers points dans la présente brochure et de les présenter, sous cette nouvelle forme, à ceux qui aiment l'histoire. Ce n'est là, du reste, qu'un chapitre détaché, mais plus développé, d'un travail général sur l'histoire post-biblique des Juifs, dont nous avons déjà donné ailleurs (1) un *Résumé chronologique*. Nous osons espérer que ce fragment ne portera pas préjudice à une œuvre prochaine et ne donnera pas une trop mauvaise idée de l'ensemble de ce travail.

(1) Almanach perpétuel hébreu-français, préface.

ABRAVANEL ET SON ÉPOQUE

Au milieu des plus grands événements qui se soient produits dans l'histoire des peuples, au moment où, d'une part, se répandent sur l'ancien continent les heureux résultats de l'imprimerie, et où, d'autre part, a lieu la découverte du Nouveau-Monde, — en ce moment, le moyen âge se termine par une rupture profonde, sinon subite, et l'âge de la Renaissance commence à briller. Outre l'invention du plus puissant instrument de perfectionnement intellectuel et moral de l'humanité, un autre événement contemporain, d'une importance non moindre, se produit : c'est la prise de Constantinople par les Turcs; par suite de cette conquête, la littérature et la philosophie de l'ancienne Grèce s'étaient refugiées en Italie, et de là elles avaient pénétré dans le reste de l'Europe. Les divers événements se succèdent d'abord isolément, puis ils s'enchaînent et s'unissent, comme pour produire une œuvre commune.

Jusqu'à cette même époque, c'est-à-dire jusque vers la seconde moitié du xve siècle, l'Espagne et le Portugal avaient été les pays les plus heureusement doués, tant au point de vue intellectuel que sous le rapport des richesses matérielles, des qualités politiques et de la puissance nationale. Les Arabes, quoique vaincus et repoussés sans cesse vers l'Orient et le Sud, maintenaient dans leur ancien territoire l'heureuse influence de leur savoir et de leurs sages institutions. Mais bientôt cet état de choses cesse, les anciens possesseurs durent céder peu à peu devant le grand nombre de conquérants,

"

et laisser le pays en proie à une nouvelle domination, après une lutte acharnée de part et d'autre, qui avait duré près de huit siècles.

Cette transition de pouvoirs, opposés entre eux, donna naissance à un mélange bizarre, inconnu et pour ainsi dire incompris ailleurs, à un assemblage hétérogène composé dès traits caractéristiques de deux peuplades diverses : la morale et l'impartiale justice d'un côté, le fanatisme et l'intolérance de l'autre côté ; et ces deux principes si opposés se côtoyaient sur le sol ibérien, et se choquaient entre eux à chaque contact.

Tel est le tableau qui se présente à l'observateur. Si, au milieu de ces luttes incessantes, l'œil est fatigué de n'apercevoir que de sombres aspects, il s'arrêtera avec complaisance sur le personnage le plus célèbre de cette époque. Un certain intérêt s'attache effectivement à l'examen de cette vie laborieuse, — envisagée soit au point de vue religieux, soit au point de vue politique, — et il est curieux de voir comment cet homme conquit alors une renommée universelle, non-seulement par sa gestion des affaires de l'État espagnol, mais encore par des œuvres moins périssables, par ses travaux littéraires.

Maints auteurs, et spécialement le partial Bartholocci, de la Compagnie de Jésus, ont jugé notre rabbin avec beaucoup de sévérité, pour ne pas dire avec beaucoup d'injustice et d'idées préconçues. Ils ne lui ont pas fait grâce du moindre défaut, et ne lui ont tenu compte d'aucune vertu. Ils le représentent comme dévoré d'ambition et de vanité, sans conscience, sans loyauté et plein d'égoïsme. Mais ils oublient, soit par mégarde, soit avec intention, de faire mention de ses qualités civiques. Pourquoi ne nous disent-ils pas s'il déploya, ou non, une capacité réelle dans les divers emplois que des souverains lui confièrent? Pourquoi ne nous parlent-ils pas de sa noble conduite à l'égard des rois qu'il servit, — comme cela lui arriva effectivement dans plusieurs circonstances, — et de ses témoignages de dévouement dont les courtisans sont peu prodigues? C'est ce que nous allons essayer à notre tour, par la présente esquisse, de rétablir aussi exactement que possible.

En même temps, ce sujet donnera lieu de passer en revue les questions suivantes :

1° A quelle époque remontent les premiers établissements d'une colonie juive en Espagne et en Portugal? Quand arriva-t-elle sur cet extrême occident, qui touche à la fois au nord et au sud, à l'est et à l'ouest? Il s'agira de savoir par suite de quelles circonstances eut lieu cette émigration, volontaire ou forcée, et comment s'opéra la fusion avec les indigènes.

2° Par le fait de quels événements fut subitement rompue cette union intime et de si longue durée entre les peuples du dehors et ceux du dedans, cette unanimité de vie et de travaux qui semblait inaltérable?

3° Enfin, il se présentera une question de linguistique (secondaire, il est vrai) : comment naquit le langage, ou pour être plus juste le patois, mélange d'hébreu, d'arabe, d'espagnol et de turc, que de nos jours encore les juifs méridionaux parlent entre eux, en Afrique, en Asie, et au sud de l'Europe, depuis Constantinople jusqu'à Tétuan? De la production de quel fait, ou de quelle transmigration, tire-t-il son origine?

Toutefois, la principale partie de cette étude sera consacrée au sujet essentiel, à la biographie même : nous verrons, par l'examen des faits les plus saillants de sa vie, quel fut l'homme, et par ses œuvres, quel fut l'écrivain. Nous le verrons, tantôt à l'apogée de la gloire et de la puissance, se maintenir avec dignité dans les rangs les plus élevés de la société espagnole; tantôt persécuté et pauvre, fugitif, dénué de ressources et privé de tout, ne survivre à cette profonde misère que grâce à son intelligence supérieure. C'est que, ni l'une ni l'autre situation ne purent ébranler cet homme infatigable : la grande élévation de son caractère l'avait habitué à se placer au-dessus des succès, ainsi que des revers qui l'agitèrent sans cesse.

I

SON ORIGINE.

Alphonse V, roi de Portugal, suivant un historien contemporain, Rabbi Salomon ben-Verga, eut un jour, avec l'un de ses serviteurs nommé Thomas, une conversation sur les rapports entre le christianisme et le judaïsme (1); elle est d'autant plus remarquable, que l'interlocuteur Thomas se défend, comme d'une injure, de la qualité de juif qu'Alphonse croit pouvoir lui donner (2). Celui-ci, après un long dialogue, lui exprime sa satisfaction.

Le roi. — « ... Tes explications me plaisent beaucoup, » surtout celles que tu m'as présentées au nom d'un certain » Abravanel. Ces démonstrations m'ouvrent les yeux, et je » vois que mon peuple a tort de haïr les juifs. Ils ont des in-» stitutions de la plus haute sagesse, des lois justes, et ils » sont doués des qualités les plus rares : on remarque sur-» tout en eux les vertus de la générosité et de la bienfaisance, » reconnues et louées de tous. Certes, celui qui aime le bien » suivra leur exemple. »

Thomas. — « C'est vrai, maître; je n'ai jamais vu un » homme intelligent haïr les juifs. Leurs ennemis les plus » acharnés sont dans les derniers rangs du peuple; ils sont » jaloux des richesses de leurs compatriotes, arrivés dans ces » contrées dénués de ressources, repoussés de tous, et par-» venus à briser tant d'obstacles par leur travail seul. »

En ce moment, la conversation fut interrompue par des gens qui vinrent accuser de meurtre une famille israélite. Le roi leur fait assurer qu'il accéderait à tout ce qu'ils désire-

(1) Ce dialogue, rapporté dans le *Schebet Iehouda*, § 7, est un peu modelé sur ceux du *Khozari* de Juda Hallévi. — Voir l'édition du Dr Wiener, p. 10 à 13; traduction allemande par le même auteur, p. 18 à 25.

(2) Édition hébraïque, p. 14; traduction, p. 26. Nous reviendrons plus loin sur ce document.

raient. Puis, Thomas se charge de l'interrogatoire ; il leur fait de nombreuses promesses, mais il les engage formellement à ne rien cacher au roi. Ils finirent par avouer que le cadavre trouvé dans une maison juive y avait été jeté par ceux qui l'avaient ramassé sur la grande route. A cet aveu, le roi fut fort irrité ; mais comme il avait promis de ne pas se laisser emporter par son premier mouvement de colère, il laissa partir ces calomniateurs.

S'adressant ensuite à Thomas : « Je suis très-satisfait de » toi, dit-il, et de m'avoir répondu avec tant d'intelligence, » et d'avoir sauvé des innocents. Je te récompenserai comme » tu le mérites, pourvu que tu conduises vers moi cet Abra-» vanel dont tu m'as parlé S'il n'est pas dans cette ville, tu » lui écriras en mon nom, en lui faisant savoir qu'il ait à se » rendre à mon palais. »

Thomas. — « Il sera fait ainsi que le désire mon maître ; et » le roi se réjouira de s'entretenir avec ce savant. »

Ainsi qu'on le voit, dès cette époque cet homme exerçait un certain prestige à la cour. — Cependant, selon M. de Boissi (1), il ne s'agirait pas là du rabbin qui nous occupe en ce moment, mais de son aïeul Samuel : « Je n'ignore pas, dit-il, que quelques-uns prétendent qu'il est question de notre rabbin, et qu'ils prennent conséquemment le prince avec qui ce Thomas s'entretient dans le livre de Salomon ben-Verga, pour Alphonse V, roi de Portugal. Mais cela est démenti par la qualité de roi d'Espagne qu'on y donne à cet Alphonse. Ce ne peut donc être que le deuxième prince de ce nom, roi de Castille, qui fut enlevé du monde à la fleur de son âge, en 1350. »

Cette réfutation n'est point fondée, et pour s'en convaincre il suffit de lire le texte original de Verga, dans lequel le terme hébreu est assez vague et peut s'appliquer aussi bien au royaume de Portugal qu'à celui d'Espagne. C'est donc de notre rabbin qu'il s'agit ; voyons quelle était son origine.

(1) *Dissertations* pour servir à l'Histoire des Juifs (1785), t. II, 9ᵉ Dissertation, p. 216.

II

Don Isaac ben-Iehoudah Abravanel naquit à Lisbonne, l'an du monde 5197, selon la supputation hébraïque, ou 1437 de l'ère vulgaire. On le nomme aussi Abrabanel, souvent Abarbanel, et même quelquefois Barbanella. — M. de Boissi profite de cette occasion pour montrer son ignorance de la langue hébraïque. Il prétend que les différentes « manières de prononcer ce nom viennent de ce qu'il s'écrit diversement en hébreu (1). » Si cet historien avait eu soin de consulter les textes, ou plutôt s'il en avait eu les capacités, il n'eût pas exprimé cette erreur ; il aurait remarqué que partout, en hébreu, ce nom s'écrit de même : אברבנאל. Seulement, il s'agit de prononcer ces sept consonnes dépourvues de points-voyelles ; et, à cet effet, chacun a pu ponctuer et lire ce mot comme il l'entendait. C'est là la simple raison que M. de Boissi eût pu alléguer, s'il éprouvait le besoin de faire une hypothèse en faveur de cette diversité, qui, en somme, est insignifiante, puisqu'elle n'a été jusqu'ici la cause d'aucune confusion. La prononciation la plus générale parmi les hommes compétents, et par conséquent la plus correcte, est celle des auteurs presque contemporains qui ont écrit ce nom dans une langue européenne, sans compter les modernes Italiens et Espagnols (2), et nous l'avons adoptée.

Mais, revenons à notre docteur lui-même.

Si l'antiquité de la race, si ce qu'on appelle la naissance, est un véritable titre de noblesse, notre rabbin méritait bien de mettre devant son nom le titre de *Don*, cette dénomination de la noblesse espagnole et portugaise ; car cette famille se

---

(1) Boissi, *Dissertations*, etc., p. 200, note *a*.

(2) Exemple : *Orden de Ros Asanah y Kypur*, etc. Estampado por Jona *Abravanel*. Le *Vara de Iehuda* lit Abrabanel ; c'est presque notre lecture, car le B espagnol, comme celui du grec moderne, se lit aussi V ; une preuve de ce fait est le mot קורדובא (Cordova).

faisait gloire, du moins elle le prétendait, de remonter jusqu'au roi David (1).

Il est vrai. suivant l'histoire, qu'à l'époque de la destruction du premier temple par Nabuchodonosor, ce roi fit exterminer toute la tribu royale de Juda, de peur qu'en laissant subsister un rejeton de cette race, le peuple ne se soulevât en son nom, pour reconquérir sa liberté et replacer un roi sur la terre d'Israël. Mais, en cherchant bien, on pourrait à la rigueur retrouver cette origine, ainsi que l'ont fait ben-Virga et Abravanel lui-même, d'après le témoignage d'Isaac ben-Giath (2).

Lorsque Nabuchodonosor assiégea la ville de Jérusalem, de nombreux rois vinrent se placer à ses côtés comme auxiliaires : les uns parce qu'ils le craignaient, et qu'ils préféraient avoir pour allié que pour ennemi celui qui dominait alors le monde ; les autres, moins nombreux, parce qu'ils haïssaient les Juifs à cause de leur croyance religieuse. A leur tête se trouvaient le roi Hispanus, de l'extrême Occident, dont le nom est resté à l'Espagne, ayant avec lui son gendre Pyrrhus, l'un des rois de la Grèce. Ce furent, dit-on, ces deux rois, qui subjuguèrent et conquirent Jérusalem. Lorsque le roi Nabuchodonosor vit quels puissants secours ils avaient apportés et quels services ils avaient rendus, il leur promit une part du butin, ainsi que des prisonniers, se conformant à l'usage établi entre rois alliés. On fit donc le partage. Nabuchodonosor prit pour lui les deux premiers quartiers de la ville (qui contenaient les ouvriers, les commerçants et ceux qui s'étaient adonnés aux études). Hispanus et son gendre reçurent en partage le troisième quartier, qui comprenait dans son sein tous les descendants directs ou indirects de la race royale. Ils placèrent leurs prisonniers sur des vaisseaux et les transportèrent en Andalousie, ou dans les envi-

(1) Joh. Heinrich Mai, *Dissertatio historico-philologica de origine, vita et scriptis Isaaci Abarbanelis ;* Altorf, 1708, in-4°.

(2) *Schébet Ichoudah,* Ire partie, p. 13; IIe partie, p. 25. Commentaire d'Abravanel, *Zacharie,* chap. xii, v. 7, f. 292 ; commentaire sur le IIe livre des Rois, fol. 308.

rons de la ville de Tolède. De là, ces derniers se répandirent dans toute la contrée, car, la province qui leur avait été assignée d'abord était trop petite pour les contenir. Quelques-uns de ces descendants de David se rendirent à Séville, d'autres à Grenade.

Après la destruction du second temple, un consul de Rome fit émigrer de la Palestine quatre cent mille familles de la tribu de Juda et dix mille de celle de Benjamin, pour les conduire en Espagne, partie du monde romain qui lui était soumise alors (1). — Il n'y a donc rien d'étonnant à ce qu'une famille juive de cette époque, qui a toujours vécu dans le même pays, ait cru descendre de David.

III

Abravanel, en faisant ce récit, assure qu'il l'a tiré des anciennes chroniques des rois d'Espagne. Roderic Sanche et Alphonse de Carthagène, historiens espagnols qui ont écrit vers le milieu du XVe siècle, témoignent, en effet, qu'Hispanus, petit-fils d'Hercule, donna son nom à l'Espagne, qui portait auparavant celui d'Ibérie, qu'elle avait pris du fleuve de l'Èbre. Alphonse de Carthagène raconte que ce monarque maria sa fille à un célèbre prince de la Grèce appelé Pyrrhus, qui, en qualité de gendre, lui succéda (2).

De simples indices, dans des temps si obscurs, doivent nous suffire pour indiquer les rapports de l'Orient avec l'Occident, et peuvent nous faire présumer, sinon affirmer, l'antique séjour des Hébreux dans ces contrées.

Abraham ben-Dior contredit, il est vrai, cette prétention (3). Mais cette négation n'est pas complète : il assure seulement que depuis le XIIe siècle il ne reste plus personne en Espagne de la race de David. C'est déjà une transaction

---

(1) C'est aussi ce que prétend Manassé ben-Israël. Voir Huet, *Démonstrations évangéliques*, p. 708.

(2) Cf. aussi Tarapha, *De Origine et rebus gestis regni Hispani*, p. 521 et 522.

(3) *Sépher ha-Kabbala*, p. 32.

importante de supposer que des rejetons de la race royale aient pu se perpétuer jusqu'à cette époque.

Ces assertions n'ont donc rien d'impossible, quand l'on songe que les juifs ont toujours vécu unis, et que pour contracter mariage ils ne sortaient point de leur famille. Si ces conjectures étaient fondées, on trouverait là une attestation de plus que bien avant la destruction du second temple, et par conséquent, antérieurement à la naissance du christianisme, se trouvaient déjà des israélites aux limites occidentales du monde connu des anciens (1).

En outre, on ne saurait disconvenir, comme le reconnaît M. de Boissi, que la désolation de leur patrie, abandonnée au pillage des soldats ennemis, n'ait contraint un grand nombre de juifs à chercher ailleurs une retraite, et que plusieurs d'entre eux ne se soient réfugiés en Espagne. Il paraît même certain qu'ils y avaient des établissements dans les premiers siècles du christianisme, puisqu'on trouve quelques décrets faits contre eux dans les actes du concile qui fut tenu à Elvire (ville de Bœtique, une des provinces d'Espagne), et qui précéda celui de Nicée.

Mais ces familles fugitives étaient de toutes les tribus, et elles vinrent indistinctement s'établir dans cette contrée. En effet, les tribus avaient été tellement confondues depuis la destruction de Jérusalem, qu'il n'était plus possible de les distinguer les unes des autres. Les catalogues où l'on avait soin d'inscrire les généalogies eurent le même sort que le temple, dans les archives duquel ils étaient déposés (2). Ils périrent dans l'incendie de cet édifice, et cet événement dut nécessairement jeter de la confusion dans les familles de la nation. D'ailleurs, les Romains avaient quelque intérêt à ne point laisser subsister les documents grâce auxquels les juifs eussent distingué les descendants de la race de David, pour

(1) Martinez Murino, *Discorso critico sobre la primera venida de los Judios en Espana* ; Bedarride, *les Juifs en France, en Espagne et en Italie*, p. 25 et suiv.

(2) Valesii *Adnotationes* in Historiam ecclesiasticam Eusebii, lib. I, cap. VIII p. 14.

— 18 —

les replacer un jour sur le trône de leurs ancêtres. Les restes
de cette maison s'éteignirent par les persécutions de Vespa-
sien; il craignit sans doute que ce peuple, qui souffrait de
la domination étrangère, n'en prît occasion de se révolter.

IV

Ainsi, il faut bien en convenir, ce ne sont que des hypo-
thèses que nous présentons, basées sur quelques traditions
orales, faute de documents authentiques, et si nous insistons
(trop sans doute) sur de semblables subtilités, c'est qu'elles
peuvent présenter un côté pratique et utile, à savoir de montrer que ce noble, ce gentilhomme, comme l'on dirait en
France, tout fier de sa naissance et de sa race, ne dédaignait
pourtant pas la science et ne poussait pas la vanité exagérée
jusqu'à l'ignorance volontaire, suivant l'habitude des nobles
Castillans. Bien au contraire, il travaillait, il s'adonnait de
bonne heure aux études avec autant d'ardeur et de soin que
le pauvre, l'humble étudiant, qui doit un jour vivre du fruit
de ses labeurs. Il fit si bien qu'en dehors de ses titres plus
ou moins contestables d'une noblesse *innée*, il se rendit
illustre, il acquit des témoignages sérieux et impérissables à
l'estime, à la reconnaissance et à l'admiration de ses contemporains et de la postérité.

Aussi, le lecteur de la Bible, attentif et sérieux, qui s'intéresse par conséquent à l'exégèse, parcourra les ouvrages, du
moins les travaux les plus importants de cet érudit commentateur, — au risque d'avoir à lire avant tout, la table généa-
logique assez complète de sa famille et la liste de ses ascen-
dants directs, telles que nous les rencontrons chaque fois au
commencement de ses ouvrages, particulièrement en tête des
premiers et des seconds prophètes :

אני הגבר יצחק הספרדי בן השר אדון יהודה בן שמואל בן יהודה בן
יוסף מבני אברבנאל ד'צ'ל כלם ראשי בני ישראל משרש ישי בית הלחמי
מזרע קודש משפחת מלכי בית דוד

« Moi, Isaac, juif portugais, fils de don Juda, fils de Sa-

» muel, fils de Juda, fils de Joseph, de la famille d'Abravanel,
» qui tous ont été princes ou chefs des enfants d'Israël, de
» la race de Jessé de Bethléem, de la famille royale de la
» maison de David. »

Ce qui est certain, du reste, et ce que personne ne conteste, c'est qu'Isaac soit issu d'une des familles les plus anciennes, les plus nobles et les plus considérables des royaumes d'Espagne et de Portugal. Elle était originaire de Séville, où elle avait été établie pendant plusieurs générations.

C'est dans cette ville que Samuel Abravanel, aïeul du nôtre, parut avec distinction vers le milieu du xive siècle. Comme sa générosité égalait son opulence, il n'était pas moins aimé que considéré de sa nation. Il n'usait de son crédit que pour favoriser les savants de la synagogue qu'il affectionnait d'une manière particulière, et il se servait de ses richesses pour consoler les affligés et les indigents, en leur procurant les secours dont ils avaient besoin (1).

Les parents d'Isaac quittèrent l'Espagne pour le Portugal, et allèrent établir leur domicile à Lisbonne. Les grandes richesses qu'ils avaient amassées dans le commerce, les avaient fort accrédités dans cette capitale aussi célèbre par l'étendue du négoce qui s'y faisait, que par le séjour des rois de Portugal. Cette famille avait ainsi formé des relations avec la noblesse du royaume. Malgré cela, elle se plaisait à vivre tranquillement dans la ville de Lisbonne, comme vivent de simples citoyens, de riches bourgeois, estimés et honorés de leur contemporains. Le père de notre docteur avait fait élever dans cette ville plusieurs maisons pour y réunir les sages du royaume qu'il aimait à avoir près de lui, et pour y amasser les œuvres qu'ils y écrivaient (2).

____

(1) Abraham Zacuth, *Sepher Iou'hassin* (édition de Cracovie), fol. 133.

(2) Abravanel nous rapporte ces détails, comme bien d'autres, dans la préface de son Commentaire sur les deux livres des *Rois*. Cette préface manque dans quelques éditions, mais elle est reproduite dans le *Scheé-rith Israël*, chapitre xxv.

V

SA VIE.

Isaac Abravanel reçut une éducation digne de la famille à laquelle il appartenait. Ses parents prirent à cet égard tous les soins possibles ; et, comme ils remarquèrent les heureuses dispositions de son esprit, ils n'épargnèrent rien de ce qui pouvait contribuer à les perfectionner. Elles se développaient à mesure qu'il croissait en âge. Les progrès rapides qu'il fit dans l'étude de la religion, et en général dans toutes les sciences du ressort de la théologie, justifièrent les espérances que ses maîtres avaient conçues à son égard.

A l'âge de vingt ans, les plus brillants succès avaient couronné ses efforts : il avait déjà composé un savant commentaire sur le Deutéronome, qu'il expliquait dans la synagogue de Lisbonne en qualité de prédicateur (1).

La renommée toujours croissante de ses talents s'étendit et sortit des modestes limites dans lesquelles elle avait été renfermée jusque-là. Notre jeune homme, grâce sans doute à quelques membres de la noblesse espagnole, qu'il connaissait particulièrement, se produisit à la cour d'Aphonse V. S'il faut en croire un éminent historien (2), il manifesta dès lors une grande ambition ; toutefois, nous ne présentons cette grave appréciation que sous réserve, car nous ignorons sur quel fait, ou sur quelle autorité, s'appuie cet auteur, si précis d'ordinaire dans ses assertions, dépourvues de tout préjugé et d'idées préconçues.

Quoi qu'il en soit, le jeune Portugais tourna toute son attention du côté de la politique, qui lui parut la voie la plus sûre pour parvenir à l'exécution de ses desseins. Ses démar-

(1) Bedarride. *Les Juifs en France, en Espagne et en Italie*, chapitre xii, page 290.

(2) M. le comte Beugnot, *Les Juifs d'Occident* (1824), iiie partie, Littérature, chap. vi, p. 210 à 220.

ches réussirent peut-être au delà de ses espérances (1 . Le résultat des circonstances, l'appréciation de ses talents, les marques qu'il donna de sa capacité et de son intelligence dans les affaires, l'élevèrent par degrés aux charges les plus importantes de l'État. Le roi Alphonse, auquel il eut le bonheur de plaire, l'admit dans ses conseils. Il avança tellement dans les bonnes grâces de son souverain, dont il gagna entièrement la confiance, qu'aucune affaire ne se traitait sans sa participation : bref, il devint premier ministre du royaume de Portugal.

Outre Abravanel, Alphonse, malgré ses ordonnances intolérantes dictées par les nobles, possédait encore à la cour un autre juif, comme conseiller favori (2) : ce fut don Joseph ben Ia'hia, qui quitta plus tard le Portugal, pendant les événements et les persécutions qui eurent lieu sous le règne de João II ou don Juan.

Ces distinctions n'ont rien qui doive nous étonner, car le roi était un prince tolérant et très-éclairé, comme nous l'apprend Abravanel lui-même, dans sa préface aux livres des *Rois;* tout en donnant quelques notes sur sa vie particulière et celle de sa famille, il rapporte quelques traits caractéristiques du roi Alphonse qu'il servait : « Et le bon roi Alphonse, dit-il, le puissant seigneur, exerçait sa justice et sa bienviellance envers le peuple, qui lui exprima maintes fois sa reconnaissance. En outre, le roi était un homme très-instruit dans les nombreuses sciences et dans tous les arts répandus alors; comme amateur, il recherchait partout les hommes lettrés, à quelque culte qu'ils appartinssent. Aussi, tous les juifs qui habitaient le royaume jouissaient de la paix et de la tranquillité. » En un mot, il lui attribue toutes les vertus qui soutiennent dignement la majesté du trône (3).

____

(1) De Boissi, *Dissertations*, etc., tome II, p. 218.

(2) *Schalschéleth ha-kabbala*, p. 43.

(3) Voy. Cassel, *Geschichte der Juden*, dans l'*Encyclopédie* allemande des sciences et des arts, par Ersch et Gruber, deuxième section, tome XXVII, p. 228, col. 1.

VI

L'influence de ce premier ministre sur le roi Alphonse s'étendit sur toute la nation, qui en ressentit les bienfaits dans les diverses circonstances où elle devint nécessaire; le ministre sut mettre à profit son crédit auprès de ce prince et rendre cette heureuse situation, non-seulement favorable à ses concitoyens et à ses coreligionnaires, mais encore aux juifs du dehors.

Étant chargés par le roi Alphonse d'une mission politique auprès du Saint-Siége (1472), don Lopez d'Alaméda et le médecin Joaño Djeseras reçurent une seconde mission d'A-bravanel : il ne se borna pas à laisser accomplir le sujet officiel de leur voyage. Outre le devoir d'ambassadeur qu'ils devaient remplir fidèlement, il leur restait encore à user de leur pouvoir, ou plutôt à profiter de l'heureuse circonstance, pour prier le pape d'alléger les souffrances des juifs et d'être plus bienveillant à l'égard de ceux-ci (1). Abravanel fait demander au chef de l'Église chrétienne de protéger ses coreligionnaires contre le fanatisme et l'intolérance, et d'interdire désormais, dans le gouvernement des États pontificaux, toute injustice et toute persécution religieuse. — C'est ce que nous apprenons d'une lettre adressée en cette circonstance, par l'entremise du médecin Djezeras, au rabbin Je'hiel de Pise (2), dans laquelle Abravanel demande à son savant ami, des renseignements sur l'état des juifs romains et de la cour papale.

Les historiens ne nous disent pas précisément si le saint-père fit droit à cette demande, ou s'il opposa son : *Non possumus;* mais il est probable qu'il répondit d'une manière favorable à la cause juive; car il ne devait rien avoir à refu-

(1) Voyez J. M. Jost, *Geschichte des Judenthums und seiner socien,* tome III, l. v, p. 409.

(2) Cette lettre reproduite dans le אוצר נחמד, édité par M. Blumenfeld, 2ᵉ livraison (Vienne, 1857), p. 67, est communiquée par notre savant collaborateur, M. E. Carmoly.

ser à l'ambassadeur extraordinaire de la monarchie Catholique et du gouvernement espagnol, qui s'était de tout temps montré si obéissant au pape et si bienveillant pour lui.

VII

Tout semblait donc réussir aux vœux de l'homme d'État, mais la fortune ne lui conserva pas ses faveurs. Cette bienveillance accordée à un savant juif par un prince chrétien devait blesser l'opinion publique, ou plutôt celle de la cour, dans cet âge et dans ce pays d'intolérance ; aussi attira-t-elle sur Abravanel les persécutions de l'envie.

Vers la fin de l'an 1481, son puissant protecteur mourut. « Lorsque ce pieux roi ne fut plus, nous dit son fidèle serviteur et apologiste, tout Israël en deuil le regretta amèrement; ils le pleurèrent, et jeûnèrent pour le malheur qui venait de les frapper. Moi-même, lorsque j'appris la mort de ce roi, qui avait eu tant de bontés envers moi et envers la communauté des juifs de ce pays, je restai tout attristé de la perte que j'avais faite (1). » — Et pourtant, dans son chagrin, il ne connaissait pas encore l'étendue du malheur personnel qui le frappait, ni quel changement de fortune il résulterait pour lui de cet événement.

Le fils et successeur du roi Alphonse, don João II, réforma sa cour et s'entoura de nouveaux ministres et de nouveaux courtisans; il s'éloigna des amis et des conseillers de son père, et les eut en aussi grande aversion que s'ils eussent voulu le livrer aux mains du roi de Castille, son ennemi. Il fit mettre alors en prison un noble, le second personnage du royaume, le duc de Bragance, et le fit mettre à mort, pendant que d'autres échappaient au danger par la fuite.

Ce fut là le premier motif pour lequel don Juan fut mal disposé contre Abravanel; bien qu'il n'eût aucune faute particulière à lui reprocher, bien qu'il n'eût aucun tait grave

____

(1) Préface du Commentaire d'Abravanel sur les deux livres des *Rois*, (fol. 1, col. 2).

à lui imputer, il savait, — et c'était un motif de haine, — que les plus grandes familles l'estimaient et qu'elles ne faisaient rien sans son conseil (1). Il croyait donc que toutes leurs actions n'avaient eu lieu que d'après son avis, il lui imputait tous les complots dont on accusait quelques nobles de connivence avec le royaume d'Espagne, avec la cour de Ferdinand et d'Isabelle.

En outre, Juan II haïssait encore plus les juifs que son père ne les avait aimés. Les courtisans envieux, gens mal intentionnés, qui, depuis longtemps, cherchaient à discréditer don Isaac, le calomnièrent auprès du roi. Ils n'avaient pu voir, sans une extrême jalousie, le crédit et la considération dont Abravanel avait joui à la cour d'Alphonse, où il avait rempli un des principaux rôles. Ils avaient souffert, avec une grande impatience, qu'on leur eût préféré, dans l'exercice des hautes fonctions, un homme dont l'origine et la religion, à ce qu'il leur semblait, étaient des titres suffisants pour l'en exclure. Ils souhaitaient sa ruine avec ardeur; mais, comme la puissante protection qu'Alphonse lui avait accordée opposait un obstacle au succès de leurs vœux, ils n'osèrent rien entreprendre ouvertement contre Abravanel, pendant tout le temps que ce prince vécut et que dura cette sympathie. Ils furent bien dédommagés de la contrainte où elle les avait tenus jusque-là, par l'accès que leurs discours calomnieux trouvèrent facilement dans l'esprit du prince successeur. Ils le desservirent de tout leur pouvoir auprès du roi Juan, qui, de son côté, était trop fortement prévenu contre les juifs, et particulièrement contre notre rabbin, pour ne pas prêter volontiers l'oreille à ce qu'ils pouvaient lui dire de désavantageux sur le compte de ce dernier. Ainsi, il ne leur fut pas difficile de le lui rendre suspect dans la gestion dont il était chargé, et de le faire dépouiller des dignités dont il avait été revêtu sous le règne précédent.

Ils ne se bornèrent point à mettre en œuvre tous les moyens

---

(1) Voir dans le *Otzur Nechmad,* la biographie hébraïque de notre docteur, par M. E. Carmoly, § 8, page 49. Cette belle étude ne nous est parvenue qu'après l'achèvement de notre travail.

qui leur parurent les plus propres à le faire expulser de la cour du monarque portugais ; ils machinèrent encore sa perte pour mieux satisfaire leur passion. Ils allèrent jusqu'à l'accuser d'avoir concerté, avec les autres ministres d'Alphonse, un complot dont le but était de mettre la couronne de Portugal sous la puissance du roi d'Espagne.

Certes, l'imputation était des plus graves, et Abravanel n'aurait pu être puni trop sévèrement, si elle avait été bien fondée. Mais la justification de don Isaac, — si toutefois elle est nécessaire, et si l'on voit dans cette accusation autre chose qu'une calomnie, — se trouve déjà dans les historiens du règne de ce prince ; les auteurs contemporains ne l'ont point impliqué dans la malheureuse affaire du duc de Bragance, à qui elle coûta la vie. C'est pourtant la seule qui ait du rapport avec la prétendue conspiration dont il s'agit. Elle n'éclata même que plus d'un an après que l'ancien ministre eut quitté le Portugal.

D'ailleurs, ils avouent qu'on ne trouva point de complices de l'entreprise criminelle qu'on attribua à ce duc, qui périt sur l'échafaud, et ils n'hésitent point à le croire innocent (1). Les relations qu'il avait avec la cour d'Espagne le firent faussement accuser d'y entretenir des intelligences secrètes, au préjudice de celle du Portugal. Les écrivains de cette nation qui ont examiné de près les pièces qui servirent à l'instruction de son procès, conviennent qu'on n'y remarquait aucune preuve qui pût raisonnablement le convaincre d'avoir commis le crime qu'on lui imputait (2) ; ces auteurs sont dignes de foi, et leur témoignage incontestable, au moins sur ce point, peut nous suffire.

(1) Lequien de la Neufville, *Histoire du Portugal*, livre iv, tome I, p. 524 et 526.

(2) De Boissi, *Dissertations*, etc., p. 224. — On peut comparer le *Dictionnaire critique et historique*, de Bayle, tome I, p. 29, note d· (édit. in-fol.).

VIII

D'autres auteurs, tels que Bartholocci, déjà réfutés du reste par Bayle et de Boissi, dénaturent les faits en disant qu'Abravanel méritait bien le traitement qu'il souffrit, et qu'il aurait été puni encore plus sévèrement (plus sévèrement que condamné à mort !), si le naturel « débonnaire » du roi Juan ne l'eût porté à se contenter de le bannir du royaume.

Cela ne nous surprend pas, dit l'historien précité, de la part de ce moine, qui semble prendre plaisir à interpréter mal tout ce qui se rapporte aux juifs. Il donne des marques sensibles de sa partialité et de sa mauvaise humeur contre eux. Il manifeste partout l'extrême envie qu'il a de les trouver plus coupables qu'ils ne le sont effectivement. Il n'est donc pas étonnant qu'elle lui fasse recevoir sans examen l'imputation des crimes dont on charge cette nation, et même en apercevoir là où il n'en existe pas la plus légère trace. Un autre que lui, dont l'équité aurait dirigé les sentiments et les appréciations, eût su qu'elle ne permet pas de tourner une accusation en preuve contre la personne qui en est l'objet, à moins qu'on ne soit autorisé, pour en venir jusque-là, de l'allégation de quelque fait avéré qui puisse la justifier. Agir différemment, c'est heurter de front les principes de l'humanité et de la religion.

Il est vrai que des gens qui, comme Bartholocci, se livrent sans réserve aux mouvements d'une passion aveugle, sont incapables de faire ces réflexions.

Enfin, ce théologien montre beaucoup d'ignorance, ou pèche visiblement contre la bonne foi, en vantant la douceur du roi Juan. On peut affirmer que jamais régent ne mérita moins que lui la qualification de prince doux. Elle convenait sans contredit à son prédécesseur, sur lequel tous les historiens portugais s'accordent, pour nous le dépeindre comme un monarque vertueux, bon et affable ; tandis qu'ils nous donnent une idée fort différente de don Juan, dont l'humeur belliqueuse, altière et rigide ne sympathisait guère avec ce penchant à la douceur qu'on lui attribue faussement. Même sa sévérité tenait plutôt d'un naturel dur, inflexible et opiniâtre, que d'un caractère équitable, quoiqu'il en affectât les dehors imposants.

Ce n'est pas à dire qu'il n'ait pas eu de grandes qualités. Il aurait été seulement à souhaiter qu'elles n'eussent pas été obscurcies par des défauts importants, et surtout par les étranges petitesses dont une dévotion outrée et superstitieuse le rendait susceptible ; elle fut la source de son aversion pour les juifs. Comme l'intention de Bartholocci était de présenter Abravanel sous l'aspect le plus odieux, il a cru ne pouvoir mieux la remplir qu'en prêtant gratuitement à ce prince un caractère de bonté que celui-ci n'avait pas, pour avoir occasion de le faire contraster avec la méchanceté imaginaire de l'autre, qui devenait par là plus criminel.

Du reste, la conduite d'Abravanel même nous fournit la preuve la plus péremptoire et la plus convaincante de son innocence. S'il avait eu quelque grief à se reprocher, il se serait empressé, à la mort de son protecteur, de se mettre en sûreté, lui et sa famille. Mais il n'agit nullement ainsi : lorsqu'il fut appelé à comparaître devant le roi, il se rendit en hâte à Lisbonne et obéit sans hésitation aux ordres qu'il venait de recevoir.

Il fut heureusement averti à temps : il apprit en route que sa vie était en danger et que l'ordre royal était un piége dans lequel on voulait l'attirer pour attenter à ses jours. Ces avis étaient trop positifs pour qu'il pût douter de ce qui se tramait contre lui à son insu. Il parvînt à se soustraire, par une prompte fuite, au danger qui menaçait sa vie ; mais ce départ était si imprévu, qu'il ne put se faire accompagner de suite de sa femme et de ses enfants, qui ne vinrent le rejoindre dans sa retraite, que quelques jours plus tard.

Dans l'intervalle d'une nuit à l'autre, il gagna les frontières castillanes. Don Juan, étant instruit de son évasion, entra dans une furieuse colère ; il envoya sur les traces du fugitif des soldats pour le lui ramener mort ou vif. Mais leurs poursuites furent inutiles. Le roi ne put se procurer d'autre vengeance que celle de la confiscation de tous les biens et de tous les livres de ce rabbin, que celui-ci avait dû abandonner aux mains du pouvoir.

IX

A l'âge de quarante-cinq ans, il fut donc obligé de fixer son séjour dans le royaume de Castille, que l'on comprend aussi sous la dénomination plus générale d'Espagne. Ce pays, comme nous l'avons vu plus haut (§ 4), avait été la résidence habituelle de ses ancêtres. Il ne se trouva donc ni complétement exilé, ni étranger. Il lui semblait presque se trouver au milieu de ses parents et au sein de sa famille. Il se rendit donc à Madrid, la capitale du royaume ; après un court espace de temps, il fut connu des siens, et bientôt son nom se propagea par toute la ville.

Il reprit ses travaux, ses commentaires sur la Bible et ses ouvrages exégétiques, qui avaient souffert une longue interruption par suite des occupations qui l'avaient attaché à l'État. Outre les cours publics qu'il fit, sur la prière de quelques-uns de ses coreligionnaires, il composa plusieurs commentaires sur diverses parties de la Bible, sur le Pentateuque, sur le livre de Josué, ceux des Juges et de Samuel.

A l'abri des orages politiques et livré à des occupations tranquilles, il passa ainsi quelques années de calme et de repos, pendant lesquelles sa renommée grandissante parvint aux oreilles du roi et de la reine d'Espagne, Ferdinand et Isabelle.

Parvenu à la cour, il y fut si bien accueilli et même honoré de la faveur du roi et de la reine, qu'il offrit ses services à Leurs Majestés Catholiques. Il est probable que ce monarque les agréa plus par politique que par amitié pour le docteur. Il avait formé déjà le projet d'exterminer les Maures, et il ne se dissimulait pas que ses revenus suffisaient à peine pour soutenir les frais de la guerre qu'il voulait entreprendre. Il sentit qu'un homme déjà habitué et exercé au maniement de ces fonctions difficiles, pourrait le servir utilement dans le poste qu'il lui confierait. En effet, l'importance des emplois qu'Abravanel avait administrés, ainsi que son mérite personnel, lui avaient acquis beaucoup de considération et d'autorité parmi les juifs. Le monarque espagnol se flattait d'obtenir d'eux, par l'intermédiaire de cet homme, les secours pécuniaires dont il avait besoin. Il eut donc recours à ses talents pour rétablir les finances délabrées, le préposa à leur remaniement, et l'éleva au rang de ministre, fonction officielle qu'il lui laissa exercer de 1484 à 1492.

Après ces huit années d'exercice, l'homme d'État fut de nouveau révoqué. L'on touchait alors, en Espagne, à l'époque fatale du triomphe de l'inquisition. Le fanatisme ayant prononcé l'expulsion des Juifs, ni leur mérite, ni leurs capacités, ni les services qu'ils avaient rendus, ne purent les soustraire à la proscription générale.

X

L'édit royal du 30 mars 1492 (1) étendit sa rigueur sur tous ceux qui faisaient profession publique de la religion juive. Abravanel y fut également compris ; et, malgré le crédit qu'il avait eu jusque-là, il ne put se garantir de l'exil commun.

Frappé du coup terrible qui était porté à sa nation, il mit tout en œuvre pour le détourner (2) et il usa de toute son influence à la cour en faveur de ses coreligionnaires. Il alla se jeter aux genoux du roi, qu'il tâcha de fléchir par ses prières et par ses larmes. Il le conjura de ne point traiter avec tant d'inhumanité, dans la personne des juifs, des sujets fidèles et zélés pour la gloire du gouvernement espagnol. Il proposa de leur part de payer toutes les sommes d'argent qu'il lui plairait d'en exiger. Il assura qu'ils n'hésiteraient point à acheter, à ce prix, la liberté de demeurer dans les

---

(1) Voir *Éphémérides israélites*, par M. le grand rabbin Abr. Cahen, p. 13 et 57.

(2) J. M. Jost, *Geschichte des Judenthunes und seiner Secten*, tome III, p. 104 et le journal *Measef*. an. 1782, p. 38 et suiv.

lieux de leur naissance. — Il intéressa même à la cause israélite quelques-uns des plus intimes favoris du roi, qui, gagnés
par les présents, intercédèrent auprès de Ferdinand pour
faire révoquer l'arrêt qui bannissait à jamais la nation juive
du royaume d'Espagne.

Mais ce fut en vain, toutes ces tentatives restèrent infruc-
tueuses, et le roi Ferdinand fut inébranlable dans sa résolution.

Abravanel, désespérant de rien obtenir, se vit forcé de
céder à la violence de l'orage qui accablait sa nation. Con-
stant dans les principes de sa religion, il aima mieux partager
le sort misérable de ceux d'entre ses frères qui, à son exemple, refusèrent d'abjurer leur croyance, que de conserver sa
place à la cour de Castille aux dépens de sa conscience et de
ses convictions religieuses.

Nous ne pouvons nous dispenser, à ce sujet, de rappeler
de nouveau le moine Bartholocci, qui se saisit de cette occasion pour éclater encore en reproches contre notre rabbin,
qu'il taxe de s'être aussi mal conduit dans ce royaume que
dans celui de Portugal. Il veut qu'Abravanel ait contribué
plus que personne à ce bannissement des juifs, par la tyran-
nie qu'il exerçait envers les pauvres, par ses usures exces-
sives, par sa vanité insupportable qui lui faisait usurper des
titres qui ne sont dus qu'aux maisons nobles du royaume
d'Espagne, enfin par ses discours injurieux contre la religion
chrétienne, dont il était l'ennemi déclaré (1).

Certes, s'il fallait juger de ce rabbin sur la déposition,
incontestablement trop suspecte d'un homme qui prend
plaisir à nous présenter un portrait revêtu des couleurs les
plus sombres, on ne pourrait considérer notre docteur que
comme un criminel, un scélérat qui sacrifiait tout à une ambition démesurée et à une infâme cupidité; ce ne serait plus
un être humain, mais un monstre indigne de notre attention.

-----

(1) La valeur de ce grief sera vérifiée plus loin, en examinant les
œuvres de ce rabbin.

Cependant, n'est-ce pas montrer évidemment l'effet de la passion la plus méprisable, que de s'abandonner à des accusations de cette nature, sans avoir des preuves positives de ce qu'on avance ?

C'est pourtant là précisément le cas de cet écrivain, qui, dans l'énonciation de ces prétendus griefs, qu'une imagination aussi fortement préoccupée que la sienne était seule capable de produire, a plus consulté sa haine particulière que les intérêts de la vérité et de la réalité des faits (1). Elle l'a aveuglé, au point de ne pas lui laisser apercevoir que si Abravanel eût été effectivement de l'humeur et du caractère dont il le représente, ce juif eût mis bien moins de fermeté dans la conduite qu'il tint par rapport à sa religion. Il se serait, en adroit politique, plié aux circonstances qui l'obligeaient à renoncer extérieurement à la foi de ses pères, et aurait embrassé celle du christianisme, au moins en apparence, pour conserver sa faveur auprès de Ferdinand et d'Isabelle; ils auraient pu, à ce prix, la lui continuer et le maintenir encore dans ses fonctions.

Il est donc inutile d'insister davantage pour démontrer la fausseté de ces assertions, et voyons plutôt par suite de quels événements successifs, par suite de quelles circonstances se produisit cette mémorable expulsion, ce triomphe de l'intolérance.

XI

Pendant la guerre contre les Arabes ou les Maures, les juifs s'étaient chargés de l'approvisionnement des armées royales, et ils avaient fait régner dans le camp espagnol l'abondance et le bien-être. Les rois Catholiques attendirent, avec prudence, pour bannir les juifs, qu'ils eussent cessé d'avoir besoin d'eux. Mais, une fois Grenade prise, tout ménagement fut refusé. Il fallait, pour célébrer la victoire qu'on venait de remporter, adresser à l'Éternel, au Dieu de la

____

(1) Boissi. *Dissertations*, tom. II, p. 233.

clémence, une action de grâce qui consisterait à forcer tous les sujets espagnols d'entrer dans le giron de l'Église et d'embrasser la religion de l'État.

A cet effet, toutes les promesses faites s'évanouirent : les rois se crurent désormais dégagés envers les juifs de toute reconnaissance ; et cela pour une raison bien essentielle à leurs yeux, c'est qu'ils ne se croyaient pas liés envers des hérétiques, et que de tels engagements, entre des religieux et des infidèles, ne pouvaient être valables. Devant la grande pensée d'unité religieuse tombèrent toutes les vulgaires considérations de prudence, d'équité, et même d'intérêt public. Quatre-vingt-neuf jours étaient à peine écoulés depuis la conquête de Grenade, quand fut promulgué l'édit de bannissement, qui fut d'abord partiel, puis devint général.

Après avoir terminé heureusement la guerre qu'ils avaient faite aux Maures, Ferdinand et Isabelle ne pensèrent plus qu'à ruiner les synagogues et à se défaire des juifs. Ferdinand le Catholique donna d'abord, au mois de mars 1492, un édit par lequel il ordonnait à ce peuple de sortir du royaume d'Espagne dans l'espace de quatre mois, ou d'embrasser le christianisme ; et les juifs commencèrent par être bannis de toutes les villes de l'Andalousie (1).

Le roi de Portugal, de son côté, voulait ou devait avoir l'apparence, en raison des relations politiques, de ne pas tolérer dans son État ces exilés. Il leur permit, toutefois, d'émigrer peu à peu du Portugal, en acceptant la condition de ne pas se rendre en Afrique, mais de se diriger du côté de l'Orient ; et dans ce but, il mit des vaisseaux à leur disposition. Il leur imposait cette condition, parce qu'il craignait de les voir habiter l'Afrique, où ils auraient pu aider les Maures de leur influence et de leurs richesses à élever de nouveau l'étendard de la révolte contre la péninsule ibérique. — Après les bannissements de ces diverses parties du territoire, les catholi-

(1) Amador de los Rios, *Studios sobre los Judios*, p. 184 ; Ferreras, *Histoire d'Espagne*, t. VIII de la traduction d'Hermilly, p. 128 ; Prescott, *History of Fernando and Isabella*, t. II, p. 138.

ques se réunirent pour s'entendre, et se décidèrent à généra-
liser cette mesure extrême.

Mais, il faut bien le reconnaître et rendre justice au gouvernement de cette époque, tout en agissant au nom de la
religion qui excusait et autorisait tout à leurs yeux, Ferdinand et Isabelle hésitèrent à porter atteinte aux droits les
plus sacrés de la justice et de l'humanité. Ce n'était pas la
première fois que les légitimes représentants de la justice
luttaient contre l'intolérance ; et ils avaient encore, pour
ainsi dire, un vague souvenir de l'ancienne politique des
rois d'Espagne et de Portugal, qui protégeaient les juifs
contre les attaques du clergé (1).

Déjà, sous le gouvernement de la reine Éléonore, on avait
présenté à la couronne la requête suivante : « Nous désirons
qu'il ne soit accordé aucune fonction officielle ni à un juif,
ni à un Maure, comme cela a eu lieu sous le précédent règne,
contrairement aux coutumes et aux lois, d'une part, et aux
dépens du royaume, d'autre part. »

Pour ne pas se créer de nouvel ennemi, la reine avait répondu qu'elle s'était déjà efforcée de les éloigner des charges
de l'État, mais que « cela ne lui avait pas réussi. »

Le long règne de don Juan II, pendant lequel on remarquait la puissance de don Alvar de Luna, se distingue également par les efforts impuissants du pouvoir civil pour amé-
liorer la triste condition des enfants d'Israël. Dans ce duel
acharné de la noblesse féodale avec l'autorité royale, qui rem-
plit de sang et de discorde tout le règne de Juan II, les juifs
se montrent pour don Alvar des auxiliaires utiles. Aussi,
leur accorde-t-il diverses concessions. Par la pragmatique
royale du 6 avril 1443, les hébreux sont mis sous la sauve-
garde du roi, comme « chose sienne et de sa chambre (2). »
Les grands vassaux de la couronne sont invités à traiter « hu-

(1) Schœfer, *Histoire du Portugal*, t. I, p. 406; t. II, p. 53 ; Lindo
History of the Jews in Spain, p. 305 et suiv.
(2) Rosseuw-St-Hilaire, *Histoire d'Espagne*, t. XIX, ch. 1. — 2ᵉ édition, 1852, tome VI, p. 16.

mainement » les juifs qui dépendent d'eux. Les carrières qui leur étaient fermées par le décret de Tortose et par la bulle du pape Bénoît XIII (1413), leur sont ouvertes de nouveau. En général le gouvernement leur était favorable.

Mais malheureusement, le fanatisme du peuple s'unit à l'égoïsme des grands pour faire avorter les bonnes intentions du pouvoir. Le généreux protecteur fut ruiné, à l'apogée de la puissance. Don Alvar, des marches du trône, finit par monter sur l'échafaud, et la pragmatique de Juan II, demeura comme un acte isolé, sans pouvoir et sans portée, comme un hommage stérile rendu aux droits de l'humanité, que l'on foulait aux pieds, au nom de prétendues lois.

Cette chute fut la cause de bien des malheurs. Désormais, les monarques se laissèrent entraîner par les persuasions insidieuses, contraires à leurs intérêts même. La reine, à laquelle le peuple juif était souverainement odieux, travaillait de son côté à rendre la volonté du roi conforme à ses propres intentions. Elle pressait continuellement d'exécuter avec vigueur ce qu'il avait commencé. En outre, Thomas de Torquemada (Turre cremata) donna ses conseils : celui qui avait sollicité cet édit proposa d'abroger le terme, et fit défendre, sous des peines sévères et de grosses amendes, de prêter des vivres et de donner aucun secours à ceux qui ne seraient pas sortis dès le mois d'avril. Quelques historiens ajoutent même qu'on leur refusa la faveur qui leur avait été accordée en principe, d'emporter leur or, leur argent et leurs pierreries, et qu'il leur fut seulement permis de les échanger contre des draps et du vin ou d'autres marchandises (1). Bref, on voulait, ou exterminer complétement la race des juifs en leur rendant l'émigration presqu'impossible, en opposant à leur départ toutes espèces d'obstacles; ou, s'ils ne voulaient pas abjurer, les expatrier, les chasser du pays, après les avoir dépouillés de toutes leurs possessions, après leur avoir enlevé tout

---

(1) D' J. M. Jost, *Geschichte der Israeliten*, tome VII, livre XXII, chap. 10 et 11, p. 82 et 90.

moyen d'existence en dehors de ces royaumes et en dehors de ces États où siégeaient les représentants politiques de la catholicité.

XII

L'on vit alors se renouveler ce mot de Tacite au sujet des juifs: « Si transferre sedes cogerentur, major vitæ metus quam mortis. » Lorsqu'on les forçait à quitter leur pays, la vie les effrayait plus que la mort. — Ce que l'historien avait dit des habitants de la Palestine était applicable aux exilés de l'Espagne. Ils étaient attachés à ce pays adoptif, au sol qui les avait vu naître, comme autrefois leurs ancêtres au domaine national, à l'héritage paternel. De nos jours encore, peut se vérifier la preuve de cet attachement, palpable et visible dans les diverses parties du globe terrestre. Partout où les fugitifs parvenaient à s'abriter contre les persécutions, en Europe, en Asie, et en Afrique, les colons conservaient le souvenir le plus vivace de la métropole, la langue espagnole, qu'ils parlaient et écrivaient entre eux ; et, placés qu'ils étaient, soit au milieu des Anglais, soit au milieu des Français, soit enfin au milieu des Turcs, ils maintenaient pour leur usage le dialecte du pays natal, comme firent les populations juives de l'est de la France à l'égard de la langue allemande, en souvenir de leur long séjour en Germanie. Encore, en ce moment même, au fond de la Bulgarie, où les israélites dominent par leur activité, on enseigne aux enfants portugais à traduire la Tora en espagnol (1).

Ceux qui avaient le courage de quitter leur patrie adoptive étaient obligés de payer quelques ducats par tête au roi pour le passage dans les vaisseaux ; ceux qui ne voulaient ou ne pouvaient sortir faute d'argent, devenaient esclaves, et leurs biens étaient confisqués. Cette dernière clause fut exécutée avec tant de rigueur, que deux vaisseaux qui étaient

(1) *Ben-Chanania*, 1863, n° 43.

chargés, n'ayant pu partir dans le terme prescrit, on vendit tous ceux qui s'y étaient embarqués (1).

Est-il nécessaire de rapporter les traitements horribles que nos coreligionnaires subirent pour le maintien de leur foi ? Faut-il redire ces faits que Montaigne, dans ses Essais, cite comme l'exemple des plus cruelles souffrances que l'homme soit capable de supporter ? — Le fanatisme avait parlé ; il fut seul écouté, et dans son fatal aveuglement, le représentant de la nation, le protecteur de ses sujets, céda aux obsessions dont il fut l'objet.

Bornons-nous au jugement produit par tant d'historiens modernes. En mentionnant ces événements, ils trouvèrent que le roi d'Espagne n'avait pas agi en bon politique, qu'il avait considérablement affaibli son royaume en chassant tant de sujets, et qu'il s'exposait à un soulèvement ; puisque huit cent mille personnes, poussées au désespoir, étaient en état de faire des mouvements, dangereux pour la tranquillité de l'État. « Abravanel a donc raison, dit Basnage, de vanter cet exemple de la fidélité de sa nation qui pouvait prendre les armes contre ceux qui les chassaient et causer une guerre civile : car il est unique. » Sans doute, Ferdinand avait pris ses précautions contre un événement qu'il y avait lieu de craindre.

Quoi qu'il en soit, sa conduite fut approuvée par le Pape, et quelque temps après il reçut d'Alexandre VI le titre de roi catholique. A ses yeux, le monarque devait avoir raison ; puisque, après avoir usé inutilement de tous les supplices possibles pour forcer les juifs à abjurer, il était parvenu à vaincre par la faim quelques enfants, dont les parents étaient morts par l'eau ou le feu, brûlés sur terre, engloutis dans la mer par les pilotes, ou dévorés par les bêtes fauves dans les déserts de l'Afrique.

Et pourquoi les Espagnols persécutèrent-ils les juifs avec tant d'acharnement ? — Parce que cette persécution devait

____

(1) Basnage, *Histoire des Juifs*, l. v, chap. xvi, §§ xix à xxii (tome III, p. 314, et suiv.).

être profitable, et que les fugitifs avaient le tort de s'être acquis des biens ; cette possession n'était pourtant que le résultat légitime de leur rare aptitude commerciale et de leur industrie qui, dans ces siècles d'ignorance, attiraient dans leurs mains de grandes fortunes (1). « Le premier de leurs crimes, » suivant l'expression de M. Rosseeuw Saint-Hilaire, « le seul peut-être, ce fut leurs richesses ; si l'on eût moins » gagné à les opprimer, ils eussent trouvé plus de pitié » devant leurs juges. C'est ce caractère essentiellement fiscal » des rigueurs du Saint-Office, qui nous a surtout frappé » dans une étude attentive des documents qui s'y rappor- » tent. Jugée à ce point de vue, l'inquisition en paraît encore » plus hideuse : on pardonne plutôt au fanatisme qui allume » les bûchers, qu'à l'avarice qui fouille leurs cendres pour y » trouver de l'or ! »

XIII

L'on comprendra donc que mûes par de telles considéra-tions, les parties intéressées se soient refusées à se désaisir de leurs victimes et qu'ils usèrent largement de leur victoire. L'inquisition, pour parvenir à ses fins, usait de tous les moyens que l'homme a en son pouvoir pour détruire ses semblables.

Le 6 janvier 1481, dit un historien de cette institution (2), on brûla sur la place publique de Séville six accusés et con-damnés pour le crime d'hérésie. Ce n'était qu'un commen-cement. Après cette première exécution, le nombre des sup-pliciés alla toujours en croissant : le 26 mars, on en con-damna dix-sept ; au mois d'avril, encore davantage ; le 4 novembre, deux cent quatre-vingt-dix-huit, et soixante-neuf d'entre eux furent incarcérés. En même temps, dans

(1) Petrus Martyr, 92e lettre : « Cum viderunt Judæorum commer- » cio, qui hac hora sunt in Hispania innumeri, christianis ditiores, » plurimorum animas corrumpi... »

(2) Llorente, tome I, p. 160.

les environs de cette ville jusqu'à Cadix, deux mille personnes subirent dans la même année le supplice du feu ; d'autres, parvenues à s'échapper, furent seulement brûlées en effigie , dix-sept mille furent punies injustement et eurent leurs biens confisqués.

La rigueur s'étendit également, aveugle et sans raison, sur ceux que l'excès des supplices avait convertis, afin d'écarter du royaume le danger « imminent » de voir les juifs convertis, malgré tous les efforts de l'inquisition, comme cela était arrivé journellement, professer secrètement leur religion et la transmettre à leurs descendants. — A Séville, on éleva pour l'usage des *marannos*, ou nouveaux chrétiens, un échafaud en pierre, un *quemadero*, placé là pour brûler les hérétiques, qui fut conservé jusqu'aux temps les plus rapprochés de nous. Même deux évêques, inculpés du crime d'être d'origine juive, y furent brûlés.

Si nous avons eu le courage d'assister à toutes ces cruautés, nous serons frappés d'admiration en examinant la situation respective de nos coreligionnaires, et en voyant les rabbins, à leur tour, animés par la persécution, redoubler de zèle pour exhorter leurs frères à persévérer dans leur foi, en dépit des plus dures épreuves. Voici comment s'exprime, à cet égard, le narrateur impartial de ces faits, que nous avons déjà cité précédemment, et que nous ne pouvons nous empêcher de reproduire :

« Disons-le tout haut, à l'honneur de ce peuple dont on a tant
» médit : sur tant de milliers d'hommes pressés de choisir
» entre la pauvreté et l'exil, et une abjuration qui leur ouvrait
» le chemin des honneurs, à peine s'en trouva-t-il quelques-
» uns qui hésitèrent. Les transfuges avaient déjà quitté ce
» camp que Dieu abandonnait ; il n'y restait plus que des
» champions préparés pour l'épreuve. Les plus riches soute-
» naient de leurs dons la foi chancelante de leurs frères.
» Comme un chêne battu de l'orage, Israël, loin de plier, se
» raffermit sous le vent de la persécution ; les chrétiens eux-
» mêmes furent forcés d'admirer cette héroïque opiniâtreté,
» dont les annales juives offrent tant d'exemples ! »

XIV

Abravanel même, malgré ses services directs, comme nous l'avons vu plus haut, ne fut point garanti de tous ces maux. Il fallut s'embarquer et partir avec les autres. Il dut s'accoutumier aux exils; car, quelque glorieuse qu'ait été sa vie, il fut souvent obligé de fuir. Abravanel se réfugia, avec toute sa famille, d'abord à Carthagène (1); puis il s'embarqua pour l'Italie et se rendit à Naples. Là, auprès du roi Ferdinand, cet ami des savants, il devait s'attendre à une bonne réception; et, effectivement, il fut gratifié d'un accueil favorable par ce prince et admis à sa cour (2).

A la mort de ce dernier, il continua auprès de son successeur légitime, le roi Alphonse II, et pendant toute la durée de son règne, des services que le roi agréa. Aussi, le rabbin donna des preuves de sa reconnaissance pendant les événements qui survinrent.

Charles VIII, roi de France, entreprit la conquête du royaume de Naples, auquel il prétendit en vertu des droits sur ce pays que Charles, comte du Maine, héritier de Réné d'Anjou, avait légués à Louis XI. Il y entra à la tête d'une armée nombreuse et s'empara des principales places sans rencontrer aucune résistance. Alphonse, consterné de la rapidité des progrès de ses ennemis, et ne se sentant point assez fort pour s'y opposer, abandonna Naples à la discrétion du vainqueur. Il se vit obligé de fuir à Messine; et Abravanel, en serviteur dévoué et sujet fidèle, ne cessa de donner à son roi fugitif des preuves d'attachement.

Nicolo Antonio s'est trompé en disant, dans l'Appendice de sa *Bibliothèque* d'Espagne, que notre rabbin fit le trajet

---

(1) Nous n'avons trouvé la mention de ce fait que dans *The hebrew literature*, by J. W. Etheridge; order VI, p. 291 : « Abarbanel and » his family first took refuge at Carthagena, from whence he found his » way to Naples. »

(2) Dr Jost. *Allgemeine Geschichte des Israelitischen Volkes* (Berlin, 1832), tome II, p. 420.

de la Sicile avec Ferdinand qui avait été détrôné par les Français (1). Cela regarde uniquement Alphonse, le premier de ces monarques ayant cessé de vivre avant l'arrivée de Charles en Italie.

Pendant le temps de ce départ, les ennemis vainqueurs pillent la maison du docteur absent et brûlent tout ce qu'ils ne peuvent emporter, tels que les livres, les manuscrits curieux et les documents importants qu'Abravanel avait amassés de longue date, et que, dans sa fuite précipitée, il ne put emporter avec lui. Cependant, il ne dut pas profiter de ces sacrifices, car le prince, qu'il avait suivi dans sa retraite, mourut bientôt de chagrin.

Ensuite, on accusa les juifs d'avoir répandu des maladies contagieuses, contre lesquelles le savant commentateur proteste (2), en démontrant qu'elles n'ont jamais existé parmi ses coreligionnaires :

והוא הנקרא חולי צרפתיי שהוא כדמות הצרעת והוא מיוחד בגוים ולא
נמצא בבני ישראל

Après la mort de son prince, arrivée l'an 1495, il partit pour se rendre à Corfou. C'est à partir de cette époque qu'il s'adonna complètement à ses travaux littéraires. Il commença l'explication de la première partie de la série des prophètes postérieurs, c'est-à-dire du livre d'Isaïe. Dans cette ville, et non à Venise comme le prétend Wolf (3), il éprouva une de ces joies que l'homme de lettres, en se reportant à ces temps, peut comprendre, s'il ne l'a ressentie lui-même. Dans ses nombreuses pérégrinations, et au milieu de la précipitation de ses départs forcés, il oubliait, ou perdait des fragments de ses travaux, des œuvres de longue haleine. Il eut le bonheur de retrouver une copie de son premier ouvrage capital; de

(1) Nicolo Antonio, *Bibliotheca hispaniensis*. Appendix, tome II, p. 686.

(2) Abravanel sur Zacharie, chap. xii. Cf. צמח דוד, t. II, année 1494.

(3) Hartmann, à l'article Abarbenel, dans l'Encyclopédie allemande des Sciences et des Arts, par Ersch et Gruber, première section, tome I, p. 150, col. 2.

son commentaire sur le Deutéronome, qu'il n'eut plus qu'à revoir et à compléter.

De là, il repassa en Italie l'année suivante, et alla se confiner à Monopolie, ville de la Pouille, pour s'y livrer à de nouveaux travaux. Quelque temps après, il fit un voyage. Son fils Juda, qui était déjà un homme très-estimé et un poëte italien remarquable, était occupé à Gênes comme médecin. Le père se contenta alors d'emmener avec lui son second fils, Joseph, en se rendant à Venise. Là, on connaissait son habileté dans les matières politiques. Il fut appelé au conseil et il fut chargé d'une mission difficile, de conclure et de consolider la paix et les relations commerciales, entre cette république et le royaume portugais. Ce fut sa dernière œuvre politique, mais elle fut accomplie en faveur de sa patrie ingrate, qui l'avait chassé naguère.

Il mourut dans cette ville, au commencement de l'année 1507, ou selon d'autres en 1508 (l'une et l'autre correspondant à l'an du monde 5268), à l'âge de soixante-onze ans. La date 1509, adoptée par les uns, est inadmissible et inconciliable, ni avec le chiffre hébreu 5268 certain, ni avec l'âge d'Isaac. Sa dépouille mortelle fut portée à Padoue, et enterrée hors de cette ville (1), avec une grande pompe et une affluence considérable de coreligionnaires et d'adhérents des autres cultes, princes et seigneurs, désireux de lui rendre un dernier hommage. Son cercueil, suivant le rapport de rabbi Isac Chayyim, fut placé à côté de R. Mintz, mort cinq jours auparavant. Peu de temps après, le champ de repos fut troublé et le tombeau fut entièrement dévasté par les combats qui furent livrés près de cet emplacement.

XV

SES ŒUVRES

Si l'on examine la quantité d'ouvrages que cet homme illustre composa, malgré les nombreuses occupations et

(1) Note manuscrite de M. Terquem sur le *Dizionnario storico degli autori Ebrei*, de De Rossi.

préoccupations d'une vie si agitée, on reste frappé d'étonnement. Le lecteur se demande comment il pouvait suffire à tous ces travaux si divers, donnant une part de son temps aux brillantes fonctions dont il était chargé dans les divers royaumes qu'il parcourut, et consacrant une autre part à ses travaux littéraires. Nous ne pouvons qu'admirer ce génie fécond qui trouvait le repos dans ces hautes études métaphysiques, et semblait y chercher un abri, soit contre les persécutions, dont il fut si souvent l'objet, soit contre les charges de l'État.

Cependant, ce n'était pas dans la diversité des travaux que résidaient les difficultés les plus sérieuses contre lesquelles il eut à lutter, car, effectivement, la plupart de ses compositions, ou du moins leur rédaction définitive, date des jours de sa vieillesse, époque à laquelle il se consacra tout entier à ses travaux. Quoiqu'il passe à juste titre pour l'un des meilleurs interprètes et commentateurs de la Bible, il ne s'adonna, d'une manière complète, à l'étude des livres saints que dans un âge assez avancé (1). Mais un obstacle plus grave s'élevait contre notre auteur, au milieu des circonstances dans lesquelles il se trouvait placé : toujours agité, toujours inquiété par des tourments et des soucis de toutes espèces, se trouvant sans cesse en dehors du cercle de ses anciens condisciples et de ses amis d'enfance, privé de ses livres les plus indispensables, dépourvu des documents longtemps amassés qui lui avaient été dérobés ou brûlés, le faible vieillard accomplit sa tâche, ayant sa seule mémoire pour tout secours. Mais, à la mauvaise fortune, il faisait bon visage ; il ne se rebutait point contre tous ces obstacles, et loin d'être découragé, il disait à son ami Saül ha Cohen que, plus les ressources lui faisaient défaut, plus il s'efforçait d'apprendre seul, חסורי מחסרא והכי קתני (2), formule talmu-

---

(1) Le P. Étienne Souciet, *Dissertations de critique et de chronologie* in-4°, 1715), tome I, p. 343.

(2) Cette expression signifie, dans le Talmud, que la phrase est elliptique et qu'il faut la compléter pour la rendre logique.

dique que le philosophe interprétait de cette façon, pour l'appliquer à sa situation et la mettre ainsi à exécution. Cette manière de s'exprimer le dénote tout entier, lui et son style.

Ce trait caractéristique du travailleur infatigable n'est-il pas échu en partage à tous nos coreligionnaires les plus célèbres, particulièrement dans la péninsule pyrénéenne, à ceux de la première ou de la seconde école rabbinique, depuis Maïmonide jusqu'à notre docteur? Les uns et les autres, avec cette énergie et ce zèle ardent qui caractérisent la race juive, après avoir tout le jour largement payé leur dette à l'État, rentraient dans leurs foyers ; et le haut fonctionnaire, le ministre élevé dans la faveur des rois, devenait un humble ouvrier, chargé d'apporter sa quote-part à l'édification du judaïsme.

Au milieu de leur position officielle, les qualités élevées qui les distinguaient n'étaient jamais souillées par l'orgueil. Ces hommes remarquables ne se souvenaient de leur puissance que pour contribuer au bonheur de leurs concitoyens, et soulager les souffrances de ceux qui avaient recours à leur influence. On remarque en eux précisément une modestie d'autant plus louable, qu'elle apparaît surtout chez les plus grands savants et chez ceux qui étaient le mieux privilégiés de la fortune.

Sans fausse honte, Abravanel regrette bien des années perdues, comme il s'exprime lui-même dans un morceau qui nous a été conservé de lui (1) et que rabbi Ghedalia reproduit : « J'ai vécu, dit-il, dans les cours des princes et dans le tumulte du grand monde, passant mes jours dans la vanité des honneurs et des richesses, au lieu de les consacrer aux études. »

היתי טרוד בחצרות המלכים ,ולא היה לי פנאי לעיין ולדעת ספר ,וכליתי
בהבל ימי ושניתי בבהלה לעשות עושר וכבוד

Mais, depuis le bannissement de 1492 et la perte de tous ses biens, lorsqu'il se fut réfugié en Italie, il s'appliqua essentiellement à l'étude de l'Ecriture sainte, et il y réussit si

(1) *Schalschélet ha-Kabbalah*, par le R. Ghedalia, p. 64.

bien, qu'il a réellement mérité les éloges dont il a été l'objet,
et que Wagenseil va jusqu'à le nommer, assez justement, le
prince des juifs modernes.

XVI

Il était non-seulement versé dans tout ce qu'un juif apprend
d'ordinaire, dès sa plus tendre enfance, mais encore, il
connaissait les écrivains profanes, ceux qu'il appelle les
docteurs des autres nations, c'est-à-dire les auteurs non
juifs, payens ou chrétiens. Outre le Talmud et l'histoire des
juifs par Josèphe Flavius, ainsi que probablement son imitation plus ou moins correcte, intitulée Josippon, il avait lu
les traductions chaldéennes de la Bible d'Onkelos et de
Jonathan ben-Uziel ; les ouvrages cabalistiques, tels que le
livre de la création (ספר יצירה) ou de la formation, et le Zohar,
sans avoir cependant adopté toutes leurs opinions ; les Mi-
draschîm, ou commentaires homilétiques ; les travaux exégétiques de Raschi, rabbi Saadia Gaon, ou pour le moins
ce qu'Ibn-Ezra en cite, Ibn-Ezra lui-même, Maïmonide et ses
disciples, le livre du Khozari de Juda Hallévy, rabbenou
Nissim, Nachmanide ou Moïse fils de Nachman, David Kimchi
(Redak), Lévi ben-Gerson (Ralbag), rabbi Isaac Albalag, et
une foule d'autres docteurs célèbres, des opinions desquels
il donne un précis juste et clair, qu'il appuie ou qu'il réfute
dans ses commentaires, selon qu'elles lui paraissent bonnes
ou mauvaises. Même Platon et Aristote lui étaient fort connus,
et il les fait paraître en scène ; il combat surtout le dernier
de ces philosophes, dont les sentiments favorisent l'irréligion.
On y trouve encore saint Augustin cité, soit qu'il ait lu les
ouvrages de ce père de l'église, soit — ce qui est plus probable — qu'il rappelle ses opinions d'après ce qu'il en a
trouvé rapporté par Lyranus, qu'il cite et qu'il copie parfois
librement. Nous avons même remarqué des passages de Pline,
reproduits par notre docteur dans un de ses ouvrages (1).

(1) *Miphaloth Elohim, Mamar* VII, chap. iv, fol. 48 ; *Mamar* VIII.
chap. ii et iii. fol. 51.

Telle est la vaste érudition, aussi profonde que variée, qui éclate à chaque pas de ses commentaires. Aussi, considéré comme écrivain, Don Isac recueille des éloges unanimes. Il égale presque Maïmonide et Ibn-Ezra, en réputation, sinon par les profondes connaissances. Il n'a pas fait de révolution sensible, il ne s'est distingué d'une façon particulière, ni dans le domaine des idées, ni dans la manière d'envisager les dogmes fondamentaux; enfin, il n'est pas ce que l'on a la coutume d'appeler un chef d'école. Pourtant, on ne peut nier que la propagation de ses nombreux ouvrages, n'ait eu quelque influence morale sur leurs lecteurs, et qu'ils n'aient servi de guide aux exégètes modernes. Il y déploie un esprit vif, étendu, lumineux, doué comme il était d'une ardeur infatigable pour le travail et d'une sobriété sans égale ; car il avait appris à souffrir, et ni les veilles laborieuses, ni les privations, ne lui coûtaient des efforts.

Richard Simon est aussi un de ses admirateurs. Il va jusqu'à comparer le style du commentateur à celui de Cicéron ; ce qui ne l'empêche pas de faire certaines restrictions. « Abrabanel, dit-il (1), est celui de tous les rabbins dont on puisse le plus profiter pour l'intelligence de l'Écriture, bien qu'il soit trop étendu. Sa méthode est cependant ennuyeuse, parce qu'il fait quantité de questions qu'il résout ensuite. D'ailleurs, il ne fait le plus souvent que raffiner sur les explications des autres rabbins, et il est en plusieurs endroits trop subtil. »

Sa manière de raisonner est, en effet, habile et ingénieuse ; mais peut-être trop rigoureuse, trop scolastique. Son style est pur, mais un peu diffus et abondant en répétitions ; il est méthodique, mais il est souvent tout hérissé de la philosophie qui régnait en son temps et qu'il entendait bien ; il abuse d'une métaphysique peu nécessaire, dont il charge trop ses expressions.

Sa méthode est à quelques égards semblable à celle du

(1) Histoire critique du Vieux Testament, livre III, chap. vi, page 380.

théologien Tostat, dont il paraît avoir lu les commentaires surlaBible. Il forme, à l'instar de cet évêque espagnol, plu-sieurs questions sur le texte qu'il explique. Il déploie d'ordi-naire beaucoup de sagacité dans la manière de les résoudre. Cependant, nous ne disconviendrons pas qu'il ne se soit trop plu à les multiplier.

Les voies d'une logique sévère sont celles qu'il suit de pré-férence. Jamais, comme la plupart de ses contemporains et de tous ceux qui ont suivi son chemin, il n'a recours au sens allégorique pour expliquer les difficultés qu'il rencontre, mais il en donne une explication nette et claire, accessible à toutes les intelligences.

XVII

L'exégète apporte toute son application d'esprit à éclaircir les endroits difficiles et obscurs des livres saints, à découvrir les liaisons et les rapports des histoires et des prophéties qu'ils contiennent, et à marquer la signification et la force des mots hébreux. Il s'écarte rarement du sens grammatical. Il ne lui arrive guère non plus d'abandonner le sens littéral auquel il est fort attaché; il s'efforce même de l'établir dans les occasions où la plupart des rabbins qui l'ont précédé se sont retranchés derrière l'allégorie, pour n'avoir pu trouver une interprétation conforme à la lettre du texte de l'auteur inspiré. Mais il pèche quelquefois par la subtilité qui le porte à raffiner sur les explications des autres commentateurs de sa nation. Quelque respect qu'il ait pour l'autorité de ses devanciers et de ses maîtres, elle ne lui impose point jusqu'à les admettre sans un mûr examen ; il les appuie ou les combat, selon qu'elles lui semblent vraies ou fausses, et les fautes qu'ils ont commises n'échappent point à sa censure. Parmi les diverses conjectures qu'il hasarde très-volontiers, au milieu des preuves d'érudition provenant des nombreuses lectures qu'il avait faites, dans cette fécondité et cette fertilité d'idées qu'il étale dans tout ce qu'il dit, il propose son sen-timent avec une entière liberté. Il se révèle à chaque instant comme partisan de la libre interprétation des textes ; et, sans abandonner la tradition de ses pères. il ne défère à leurs opinions, qu'en y apportant quelques restrictions qu'il croit nécessaires (1).

Ainsi, il adopte l'histoire concernant Abraham, que Maïmonide (2) rapporte avoir tirée d'un certain livre des Sabiens, traduit en arabe et intitulé *Al-flachat al-nabatiyat*, d'après laquelle on voit comment ce patriarche repoussa la religion des Chaldéens pour professer le monothéisme, qu'il propagea dans sa famille.

La doctrine qu'Abraham enseignait causait de la fermentation dans les esprits. Le roi de Chaldée le fit mettre d'abord en prison. Il lui confisqua ensuite tous ses biens et le bannit de la contrée, craignant que l'éloquence d'un tel homme ne détournât le peuple de l'adoration du feu, symbole du soleil, qui était la principale divinité du pays. — Abravanel ajoute de son chef une explication fort libre, et il dit que le roi Chaldéen avait voulu faire mourir Abraham au milieu des flammes ; mais qu'ayant réfléchi au préjudice que souffrirait sa religion si le patriarche échappait au danger du feu par quelque action, quelque moyen surnaturel, il aima mieux l'expulser de ses États. Selon notre rabbin, ce fut Dieu qui disposa l'esprit du monarque à agir de la sorte envers Abraham, pour soustraire son serviteur au supplice qui lui était préparé. C'est pourquoi il est dit dans la Genèse : « Je suis l'Éternel qui t'ai retiré du feu des Chaldéens, » paroles par lesquelles Dieu donnait évidemment à entendre à Abraham que c'était lui, et non pas le roi, qui l'avait fait sortir d'*Ur Kasdim*, après avoir excité dans l'âme du prince régnant en ce pays, la volonté de commuer la peine du feu, destinée primitivement à ce patriarche, en celle du bannissement.

On voit qu'Abravanel s'écarte du sentiment des docteurs et commentateurs ordinaires, en ce qu'il nie qu'Abraham

____

(1) De Boissy, *Dissertations* pour servir d'éclaircissements à l'histoire des juifs, tome I, 1re dissertation, p. 23.

(2) *Guide des Égarés*, IIIe partie, chap. xxix.

ait été jeté réellement dans une fournaise ardente. Il borne, pour ainsi dire, les effets du secours divin que le patriarche reçut dans cette circonstance, à l'acte intérieur par lequel la providence de l'Éternel, pour veiller au salut du croyant, changea les premières dispositions du monarque chaldéen, en lui inspirant la résolution d'exiler Abraham, au lieu de le faire périr par le feu ; c'est peut-être le parallèle de l'acte divin accompli sur le cœur de Pharaon. Mais, si l'exégète interprète ce fait historique à sa façon, il ne prétend nullement le nier, ni repousser toute explication ; et il blâme, au contraire, ceux qui pourraient avoir une opinion complètement opposée à la tradition des rabbins, ses guides et ses prédécesseurs, sur le sens de ce passage fondamental relatif à la naissance du monothéisme.

Nous pourrions multiplier des citations analogues, pour prouver ses libres allures en exégèse, contentons-nous de mentionner la justification de sa méthode, si toutefois elle est nécessaire, telle qu'il a occasion de la produire en tête de son explication du prophète Ézéchiel (1).

« Je ne puis adopter, dit-il, l'explication des sages d'Israël,
» qui appliquent toute la vision du prophète aux êtres spi-
» rituels dont les bandes entourent le trône ; c'est trop
» profond, et il est défendu de s'occuper seul de la Mer-
» caba (2). D'ailleurs, je n'ai pas étudié la Kabbale (nous
» verrons plus loin que c'est par modestie qu'il se défend
» de ces études), et je ne prétendrai pas connaître la pensée
» des saints. C'est pourquoi j'ai adopté ici une autre voie,
» conforme au texte, au contenu du livre, à l'intention du
» prophète. J'adopterai une partie de l'explication de ces
» sages, et, en partie, je me guiderai d'après ce que le ciel
» m'inspirera. Je sais que ce genre de recherche de la Mer-
» caba n'est pas défendu : nos sages n'ont interdit à cet

____

(1) Préface du livre d'Ézéchiel, traduite par feu O. Terquem, dans la *Bible* de M. S. Cahen.

(2) *Mischnah*, IIe partie, traité d'*Haghighá*, chap. ıı, § 1 ; et Talmud, *ibid.*, fol. 13*a*.

» égard que la manière spirituelle reçue chez eux ; mais ils
» n'ont pas défendu la simple explication des versets. S'il
» était défendu d'expliquer les versets et les mots, qui l'au-
» rait permis à Raschi et à Kimchi ? Toute la défense porte
» donc uniquement sur le genre spirituel. Selon leurs expli-
» cations, ils ont attribué au prophète des erreurs ; ils ont
» cru que la chose était bien ainsi, et le nom de Dieu s'est
» trouvé profané.

» C'est pourquoi j'ai dit : « Il est temps d'agir pour
» Dieu » (Psaume cxix, 126), de transgresser la défense,
» pour enlever de mon peuple la pierre d'achoppement.
» Ainsi a agi notre maître, le saint rabbi Juda le Naci (1),
» en mettant par écrit ce qui ne devait se transmettre qu'ora-
» lement et qu'il était défendu d'écrire ; par le même prin-
» cipe qui me guide, il a écrit dans la Mischna l'interpré-
» tation des préceptes reçus par tradition. De même, nous
» devons suivre une voie simple et naturelle, d'après laquelle
» chaque parole puisse avoir un sens et s'adapter au texte.
» Déjà nos sages ont dit : שבעים פנים לתורה « la loi peut
» s'expliquer de soixante-dix manières. » Aussi, ne m'ab-
» stiendrai-je point, et ferai-je également connaître mon
» opinion. »

XVIII

Nous avons vu que durant toute la maturité de son âge,
il était si occupé qu'il avait à peine le temps nécessaire pour
se livrer aux études préparatoires et aux recherches qu'exi-
geaient ses travaux de prédilection ; mais il ne lui en restait
pas suffisamment pour élaborer ses pensées, pour écrire.
Aussi, la plupart de ses œuvres ont-elles été composées, ou
complétées et terminées hors du Portugal, et, en général,
après que quelques revers de fortune l'eussent écarté des
fonctions brillantes qu'il avait occupées.

Cependant, il commença déjà dans cette contrée ses recherches bibliques, et, dès son jeune âge, il donna une

(1) Voir nos articles dans la *Vérité israélite*, t. VIII, p. 15 et 59.

preuve de son futur talent, en écrivant en hébreu, comme
tous les ouvrages suivants, une dissertation qui porte le nom
de עטרת זקנים, *Couronne des Vieillards*. Elle a pour objet
d'expliquer le verset suivant du Pentateuque :

« Voici, j'enverrai un ange devant toi, etc. (1), » passage
auquel Maïmonide consacra également un chapitre dans son
Guide des Égarés (2).

Il y traite, dans vingt-cinq chapitres ou sections, des principes fondamentaux de la foi juive, et montre dans ces
quelques pages, courtes mais importantes, les tendances de
son imagination ; elles laissent encore à désirer, et ses connaissances, ainsi que sa manière de s'exprimer, ne paraissent pas encore complétement développées (3). C'est sans
doute d'après l'appréciation qu'a pu fournir ce premier essai,
que ses détracteurs l'ont jugé de préférence, pour pouvoir
en rendre un compte défavorable et se livrer à un travail de
critique d'autant plus facile, que l'auteur était encore à cette
époque fort inexpérimenté et qu'il donnait lieu à quelques
reproches.

- Mais bientôt il va nous apparaître sous son vrai jour et
nous donner des preuves réelles de sa sagacité dans les travaux exégétiques. Il a étudié les plus grands philosophes de
l'antiquité, de concert avec ses études bibliques. Il a appris,
par tous ses devanciers les plus rapprochés de lui, qu'à tout
croyant convaincu il n'est pas interdit de rechercher la véritable raison de toute chose. Et il en résulta que de graves
questions agitèrent son esprit.

Ainsi, par exemple, pendant son séjour à Lisbonne, notre
exégète fait des recherches actives et laborieuses sur le cinquième livre de Moïse, sur le Deutéronome. Son imagination
vive et inquiète est préoccupée par les questions suivantes :
Ce livre a-t-il été également composé, ainsi que les quatre
précédents, par l'inspiration divine, ou bien appartient-il

(1) Exode, chap. XXII, verset 20.

(2) Traduction française de M. Munk, t. II, chap. xxxiv. p. 274.

(3) Dr J. M. Jost. *Geschichte des Judenthums und seiner Lecten*,
tome III, p. 106.

seulement à Moïse? Dans quel but a été faite cette répétition ou récapitulation? Pourquoi encore y a-t-on omis des lois proclamées antérieurement et y en a-t-on ajouté de nouvelles? D'autres questions encore le tourmentaient. En vain, il cherche des explications dans les commentaires de ses prédécesseurs ou parmi les travaux de ses contemporains. Leurs interprétations sont plus ou moins plausibles, mais elles ne peuvent le satisfaire.

Il commença donc à chercher lui-même comment il trouverait ces solutions. Une fois qu'il se mit à l'œuvre, le travail parut moins aride. Son style s'en ressent. Il manie déjà la langue hébraïque plus aisément et avec plus de clarté, parce que les idées sont plus nettes ; elles se suivent méthodiquement et sans désordre, tout en fournissant sur chaque passage interprété de rapides introductions, sans s'écarter du sujet. L'ensemble démontre une aptitude sérieuse, non-seulement pour éclairer certains doutes ou certaines contradictions, mais encore pour consolider la croyance religieuse. Il utilise à cet effet les principales sources juives, n'hésite pas à corriger ses devanciers et à relever les endroits fautifs d'après son point de vue, et parfois y introduit même quelques points intéressants d'histoire moderne. Enfin, sans cesser d'être croyant sincère et pieux observateur de la religion de ses ancêtres, il traite librement les questions les plus ardues, reconnaît entre autres, à l'instar de Maïmonide (1), des degrés dans la révélation divine, dans la prophétie, dans la mission du peuple choisi, et manifeste la plus entière liberté de la pensée.

Il profita d'une ambassade que lui avait confiée le roi Alphonse auprès du Saint-Siége pour adresser cet écrit, quoiqu'inachevé, ainsi que sa première dissertation (2) à un

(1) Cet auteur a consacré à la prophétie une assez longue dissertation, contenue dans les chap. xxxii à xlviii de la 2ᵉ partie de son *Guide*.

(2) Imprimée la première fois à Sabionetti. Voir De Rossi, *Catologus Coddicum hebræorum*, p. 136 et 306.

des hommes les plus remarquables de cette époque, le rabbin
Ie'hiel de Pise, qui, par sa science autant que par sa générosité, s'était acquis une renommée impérissable, qu'il
transmit à ses descendants.

XIX

Ce furent là les deux seules œuvres qu'il écrivit et qu'il
acheva à peu près dans son pays natal. Ses autres œuvres
sont postérieures au premier exil du Portugal; mais elles ne
portent, malgré cela, aucune trace de négligence et elles
n'en sont que mieux travaillées.

Pendant la première année qu'il passa en Castille, depuis
l'an 1483 jusqu'en 1484, avant d'être appelé à la cour de
Ferdinand et d'Isabelle comme ministre des finances, il tra-
vailla à ses études de prédilection, tout en faisant publique-
ment ses cours d'exégèse et de théologie. Il s'occupait alors,
à Madrid, de ses divers commentaires sur les prophètes, sur
les livres de Josué, des juges et de Samuel.

Mais cette série des premiers prophètes ne fut terminée
qu'à la cour du roi de Naples, en 1493, par son commentaire
sur les deux livres des Rois, achevé le premier du mois
d'Éloul de l'an 5253 de l'ère hébraïque, comme le dit une
épigraphe finale. Ce fut aussi dans la capitale de ce territoire
qu'il composa les commentaires sur le reste des prophètes,
sur les prophètes postérieurs, ainsi que l'interprétation des
quatre premiers livres du Pentateuque.

La Genèse fut terminée à Naples, l'an de la création 5252,
ère vulgaire 1492, dans ce territoire, le plus beau des pays,
dit le commentateur, et qui le fut effectivement jusqu'à la
fin du XVIᵉ siècle. La date finale qui porte la date du texte
l'assigne à l'année 5282 (שמנים); mais ce doit être probablement une faute typographique pour שׁשׁים ou חמשים,
puisque nous savons que le commentateur est mort en 1508
ou en 1507.

Quelques années plus tard, à Monopolie, il retrouva,
comme nous savons, son commentaire sur le Deutéronome,

qu'il corrigea, compléta et acheva le 20 Schebat 5256 (1496). Il l'intitula מרכבת המשנה, *le Char du second,* c'est-à-dire de la seconde loi, du terme de משנה תורה, qui désigne le cinquième livre de Moïse. Il est impossible, et même il est inutile de chercher dans cette expression, comme le fait M. de Boissi, une allusion ou un emprunt fait à un terme de la Genèse (XLI, 43), d'un passage de l'histoire de Joseph, et traduire ce terme par « le char de celui qui est la seconde personne de l'État après le roi, » ce qui n'aurait ici aucun sens.

Les ouvrages de ce savant sont tous écrits en hébreu. Aussi, pour les rendre plus accessibles au vulgaire, Buxtorf fils en a-t-il reproduit les parties les plus essentielles en traductions latines; dans son traité, composé sur divers sujets philologiques et théologiques, il a intercalé plusieurs dissertations, traduites ou composées d'après les œuvres du commentateur :

La première roule sur la différence des juges et des rois dont il est parlé dans l'Ancien Testament; elle est prise dans la préface d'Abravanel sur Josué.

La seconde traite du retardement miraculeux du soleil fait au temps de Josué; cette discussion est faite dans le commentaire au chapitre X et non dans la préface, comme le dit l'auteur du supplément à la bibliothèque sacrée que le père Calmet a jointe au tome IV de son *Dictionnaire de la Bible.*

La troisième a pour objet le péché de David qui a fait le dénombrement de son peuple, tel qu'il se trouve indiqué au second livre de Samuel, chapitre XXIV.

La quatrième s'occupe des diverses espèces d'idolâtrie mentionnées dans l'Écriture sainte (1).

La cinquième se propose de démontrer la division des livres de la Bible en trois grandes classes, savoir : la loi, les prophètes et les hagiographes, qui se subdivisent ensuite eux-mêmes en sections, chapitres et versets.

____

(1) 2e livre des Rois, chap. XVII, v. 7 et suivants.

D'autres auteurs se sont également intéressés à ces travaux. Ainsi, Budée a fait paraître en latin, à Iéna, sous le titre de : *Essai sur la jurisprudence civile des rabbins* (1693), ce qu'Abravanel a écrit fort au long sur Abimélech, dans son commentaire sur le chapitre IX du livre des Juges. Il a accompagné le texte rabbinique de ses observations. Puis, Eggers, entre autres, dans sa *Psychologie rabbinique*, publiée à Bâle, en 1719, a traduit en latin ce qu'Abravanel a dit de la nature de l'âme, sur le vingt-cinquième chapitre (verset 29) du 1er livre de Samuel.

Enfin, de nos jours, il a paru une traduction française des préfaces et de quelques notes sur Isaïe, Jérémie, Ézéchiel et les douze petits prophètes, due aux soins de feu Olry Terquem, et insérée dans la traduction de la Bible de M. S. Cahen (tomes IX, X, XI et XII).

XX

A défaut de traduction complète, nous sommes réduits à présenter une analyse des points les plus saillants de ce vaste ouvrage, pour en donner au moins une idée restreinte, si nous ne pouvons le faire connaître en entier, priant le lecteur d'en excuser encore les longueurs.

Il est curieux de voir notre docteur s'occuper également d'une matière à peu près inconnue au reste des rabbins, nous voulons parler de la politique, science dont la théorie est fort en honneur de nos jours, et dont la pratique devait être assez familière à Abravanel. On comprend que dans leur situation collective, les juifs soient restés étrangers à la politique (1). Leur état social étant purement imaginaire à ce point de vue, ils n'avaient pas de patrie, ou plutôt ils adoptaient celle où on les tolérait. Dès lors, l'art de régir les États, de sonder leurs fondements, de régler et d'administrer les intérêts publics, devait leur sembler une science futile, puisque nulle part ils ne trouvaient l'occasion de l'appliquer.

(1) M. le comte Beugnot, *Les Juifs d'Occident*, III' partie, p. 219 à 222.

Il fallut qu'un homme vînt, illustre par ses grandes connaissances, pour étudier ces questions élevées et ajouter une branche de plus, une matière pour ainsi dire supplémentaire, à son savoir déjà universel.

L'intérêt redouble, quand ce rabbin comme Abravanel, a usé sa fortune et sa vie, pour apprendre à faire marcher les ressorts d'un gouvernement. Ce qu'il constate, ce sont bien les résultats de sa propre expérience ; car, c'est ainsi qu'on s'explique les contradictions que divers passages semblent comporter, les uns et les autres portant une date diverse. L'on est en droit de supposer que le grand savant ne put complétement se défendre d'un peu d'amertume, si, en écrivant ses théories, il n'avait pas soin aussitôt d'oublier cette même pratique qui l'instruisit.

Voilà pourquoi on remarque avec étonnement que le serviteur fidèle de tant de souverains, celui qui donna des preuves sincères de dévouement à Alphonse II, roi de Naples, est un ennemi des rois, un républicain, déclamant contre le gouvernement monarchique et son représentant, comme le plus mauvais de tous ceux que les hommes puissent choisir.

Peut-être suivit-il en cette circonstance la ligne de conduite que nous lui verrons tenir pour ses livres de polémique religieuse ?

En expliquant le commencement du livre de Samuel, il examine la demande que les juifs adressèrent au grand prêtre pour qu'il élût un roi : « Établissez sur nous un roi qui nous juge, comme en ont les autres nations (1). » Il blâme cette demande et la représente comme aussi contraire à la loi qu'a l'intérêt du peuple d'Israël. Toutefois, il prouve que les juifs ne demandaient pas un souverain, soumis lui-même au jugement des lois, mais un roi absolu, et que c'est pour cette raison que Samuel s'emporte contre eux. Bientôt le commentateur s'élève à des questions générales, examine le pouvoir des rois jusque dans sa source et se montre juge sévère. Il s'adresse cette question importante : Un roi est-il nécessaire

______

(1) 1er livre de Samuel, chap. viii, v. 5. Deutéronome, chap. xvii.

d'une manière absolue au peuple, ou celui-ci peut-il s'en passer? Il répond, en citant d'abord les philosophes qui se sont montrés les défenseurs du pouvoir monarchique, et voici ce qu'il ajoute :

« S'ils ont dit que l'empire réclamait trois choses : 1° l'unité sans partage ni association ; 2° la perpétuité, l'immutabilité ; 3° le pouvoir absolu, la toute-puissance, — leur opinion sur la nécessité d'un roi est fausse. En premier lieu, il n'est pas impossible qu'il y ait chez un peuple plusieurs gouvernants réunis et donnant leurs avis dans un conseil commun, au nom desquels le gouvernement et la justice sont administrés ; cela se rapporte à la première condition. Secondement, il y a lieu de demander pourquoi leur administration ne pourrait pas être annuelle, ou fixée à un plus long espace de temps, mais limitée, de manière que leur pouvoir serait après eux dévolu à d'autres juges ou d'autres modérateurs. Pourquoi ceux qui leur succéderaient ne pourraient-ils pas rechercher si leurs prédécesseurs n'ont pas prévariqué, s'ils n'ont pas abusé du pouvoir qui leur était confié? Ne pourraient-ils les accuser et porter leur condamnation de telle façon, que le tyran subirait tout le mal qu'il aurait causé précédemment, ou du moins que ce mal serait réparé? Cela est opposé à la seconde condition. En troisième lieu, pourquoi le pouvoir des régents ne pourrait-il pas être déterminé et limité par les lois du pays et le droit des gens? Il est plus probable que l'erreur et la prévarication sont produites par un seul — à cause de son ignorance, de sa colère ou de ses autres passions, ainsi qu'il est dit (1) : « La colère des rois est la messagère de la mort, » — que par plusieurs se consultant entre eux. Car, si un seul s'écarte de la ligne droite, les autres le rappelleront aussitôt à l'ordre ou l'arrêteront au bord de la mauvaise voie ; et si le pouvoir de ces chefs était temporaire, ils devraient en rendre compte après un court espace de temps, et la crainte des hommes, sinon l'effet de leur conscience, les arrêterait sur le chemin du mal. »

____

(1) Proverbes de Salomon, chap. xiv, verset 35.

XXI

L'écrivain politique se laisse parfois entraîner par ses souvenirs, qui lui rappellent la situation désolante des États soumis aux rois qu'il a connus :

« Combien, au contraire, ajoute-il, ne voyons-nous pas aujourd'hui d'États, où il n'y a pas de rois, régis par des juges, des chefs temporaires et éligibles, et chez lesquels la justice est rendue dans l'ordre le meilleur et le plus convenable ? N'avez-vous donc jamais entendu parler, s'écrie-t-il, de cette fameuse cité qui jadis commandait au monde entier ? Elle soumit, écrasa et réduisit en poussière tous les empires connus, alors qu'elle était gouvernée par plusieurs consuls pleins de sagesse et dont le pouvoir était temporaire ? A peine César est-il monté sur le trône, qu'elle devient tributaire ; de même aujourd'hui. Venise si puissante, si populeuse, Venise, la reine des villes ; Florence, également si brillante, et tant d'autres États grands et petits, si florissants au milieu des monarchies, n'ont point de rois, mais sont régis par des magistrats élus à de certaines époques ; et cependant ce sont des empires très-heureux dans lesquels on ne trouve rien de faux, ni de pervers, où personne ne touche impunément une chose mauvaise. Ils ont conquis d'autres pays, qu'ils savent conserver par leur prudence et leur sagesse. Toutes ces considérations prouvent qu'il est nécessaire qu'un peuple soit soumis à un roi ; mais qu'il est pernicieux et dangereux pour une nation que le libre pouvoir de briser, de tuer, de détruire, soit dans la main et le pouvoir d'un seul.

« Ainsi, Maïmonide dit qu'il ne connaît pas de plus grands dangers que de voyager sur mer, ou d'être soumis à un roi, et qu'il y a entre ces deux périls une affinité remarquable. Il n'existe, en effet, aucun refuge contre la fureur des flots ou la colère des rois, et celui qui se trouve exposé à l'une ou à l'autre est bien près de la mort, car le vent de la mer et l'esprit des rois sont choses périlleuses et mortelles. Les matelots en mer regardent toujours les nuages et les vents ;

ainsi les ministres ont toujours les yeux fixés sur le visage des rois; la vie est dans la sérénité du visage d'un roi, et sa faveur est comme la nuée portant la pluie de la dernière saison. La colère du roi est messagère de la mort, est-il dit. On doit s'étonner de voir l'auteur de la sentence comparer l'unité d'un roi, dont l'élection doit reposer sur le pouvoir et la volonté des hommes, avec l'unité et avec l'éternité de la cause première, de Dieu, dont le nom soit béni, qui est, comme disent les théologiens, d'une existence nécessaire. »

Après avoir exposé les maux que peuvent faire les rois, Abravanel ajoute que cela n'a pas lieu également dans tous les royaumes, car il en est où le pouvoir royal est limité dans son exercice, comme en Aragon; ailleurs, ils ont le pouvoir absolu; le meilleur État est celui où ils n'ont aucun pouvoir : c'est ce qu'il a voulu prouver (1).

D'autres fois, cet enthousiasme, cet emportement se calme, et l'homme résigné se souvient de la sentence de Salomon et de la maxime des sages (2), qui invitent le juif à prier pour la paix et le bonheur de son roi. Il va même jusqu'à dire qu'en aucun cas, il n'a le droit de s'élever contre le souverain, quel qu'il soit.

« Il faut examiner, dit-il, si un roi étant mauvais et dissolu, il est permis de se révolter contre lui, de l'éloigner du trône, de le déposer. Nous ne lisons rien dans nos sages sur ce sujet. Les sages chrétiens ont beaucoup écrit et disputé touchant cette question; enfin, ils sont tombés d'accord, que cela était permis, et qu'il pouvait se pratiquer, comme les israélites l'avaient fait à l'égard de Jéroboam. J'ai traité ce point devant des rois avec leurs philosophes. J'ai soutenu que cela n'était pas permis, et qu'un peuple n'avait ni le pouvoir, ni le droit de se révolter contre son roi ou de le dé-

(1) Voir le Traité de dissertations philologico-théologiques, de Buxtorf le jeune, publié à Bâle, 1662.

(2) Proverbes, chap. xxiv, v. 27. Voir Mischna, IIIe partie, Maximes des Pères, chap. iii, § 2. Maïmonide, *Guide des Égarés*, IIIe partie, chap. xii, § 3.

poser, quand bien même il serait impie au dernier degré. Je présenterai trois opinions qui m'ont guidé.

» La première raison est que le peuple, quand il se donne un roi, s'engage à observer et à exécuter ses ordres. Cette obligation et le serment qui s'y rattache, ne sont pas conditionnels, mais absolus; en sorte que celui qui est rebelle contre son roi mérite la peine de mort. Que le roi soit bon ou mauvais, il n'appartient pas au peuple d'examiner sa justice ou son injustice. Dieu dit à Josué (1, 18) : « Quiconque se révoltera contre toi sera mis à mort. » Par le contrat que le peuple passe pour ainsi dire avec son roi, il est tenu de l'honorer, et il n'a pas le pouvoir de le punir, n'usant pas, par habitude instinctive, de ce droit de représailles.

» La seconde, parce que le roi est sur la terre ce que Dieu est dans le ciel. Il a le pouvoir absolu de punir, même sans respecter les droits ou les lois, et selon la nécessité. Il peut abroger les lois ou la coutume générale. Son unité dans le royaume est comme celle de Dieu dans l'univers.

» La troisième raison regarde particulièrement le peuple juif, pour lequel le pouvoir de constituer et d'élire un roi n'existe pas plus, que celui de le déposer ou de l'expulser de ses États. »

<h2 style="text-align:center">XXII</h2>

Outre son volumineux ouvrage sur la Bible, auquel il consacra sa vie entière, il composa encore d'autres œuvres; il s'interrompait parfois, au milieu de son travail, non pour reprendre haleine, mais pour diversifier par quelques excursions dans le domaine d'autres sujets. Cependant, il les rattachait par quelque lien à l'œuvre fondamentale; c'est ainsi qu'il écrivit sur des sujets de polémique religieuse, qui doivent s'adapter comme commentaires au livre de Daniel et lui servir d'interprétation.

On connaît le célèbre colloque de Tortose, qui fut organisé en 1413 par ordre de l'anti-pape Benoit XIII, entre un certain nombre de prêtres catholiques et de rabbins juifs pour discuter les mérites respectifs des deux religions. La grande discussion de Josua Ha-Lorki, baptisé sous le nom de Jeronimo de Sancta Fide (Santa-fé), commencée sous l'intercession de Pierre della Luna (Benoît XIII), appela à elle de nombreux combattants. On y remarquait Prophiat Duran, Albo Botarel, Isaac Nathan, Vidal ben Don, Benveniste ben Labi, et quelques autres (1).

Comme sur tant d'autres sujets, l'historien espagnol Amador de Los Rios a multiplié les erreurs sur ce fait, faute de documents ou de connaissances des écrits rabbiniques. Il a particulièrement défiguré le rôle de l'odieux Josua, en sa qualité de littérateur espagnol, de même qu'il cherche ailleurs à justifier le système de l'inquisition. Aussi, pour jeter un nouveau jour sur cet incident célèbre, un hébraïsant distingué, M. Soave, a publié récemment à Venise un travail fort intéressant. Il contient la traduction avec notes, traduction fidèle faite sur l'hébreu, de la lettre que Salomon Ibn-Verga a insérée dans son *Schebet Iehoudah*, et qui, écrite par un témoin de cette conférence, en raconte tous les détails.

Quoique arrivé sur la scène bien postérieurement à la lutte, Abravanel y prit également part, parce que le souvenir de cet événement était resté encore vivace à cette époque dans tous les esprits et que ce sujet rentrait dans le cadre général du travail complet.

Il se mit à l'œuvre en 1497; et, en même temps qu'il terminait son commentaire sur Isaïe, il commença une trilogie des plus remarquables dissertations, sous le nom générique de *Migdol Ieschouôth* (forteresse du salut). La première, intitulée *Source du Secours*, faite à propos des prédictions ou des allusions messianiques contenues dans le livre de Daniel, est divisée en douze sources ou fontaines, qui forment autant de parties différentes, et en soixante-dix palmiers, qui en sont les subdivisions. C'est celle que l'auteur préférait entre toutes : ואין ערך ליופיו בעיני, dit-il à son ami Saul Cohen, qui lui demandait l'énumération de ses œuvres.

(4) *Judische Literatur*, par A. Steinschneider, dans l'Encyclopédie d'Ersch et Gruber, deuxième section, tome XXVII, p. 440 *a*.

La seconde, intitulée *Maschmi'a Ieschouah* (prédicateur du salut), comprend toutes les citations bibliques qui aient quelque rapport avec les prédictions relatives au Messie, ainsi que les différents commentaires sur ce sujet (1). Voici le relevé de toutes les prophéties faites au sujet de la rédemption future d'Israël, et que l'auteur a énumérées ainsi qu'il suit : Moïse en prononça quatre, Balaam une, Isaïe quinze, Jérémie six, Ézéchiel dix, Osée une, Joel une, Amos une, Obadia une, Michée une, Habacuc une, Sephania une, Zacharie quatre et Malachie une.

La troisième, intitulée *Ieschouôth Meschi'ho* (secours du Messie), traite des nombreux passages talmudiques qui se rapportent à ce sujet. L'ouvrage se divise en deux livres, et a pour but d'expliquer cent soixante-seize dictons ou proverbes contenus dans le Talmud, dont l'interprétation est douteuse ou sujette aux controverses (2).

Cette trilogie est le seul des ouvrages de notre auteur qui ait été imprimé de son vivant dans la ville de Constantinople, de 1505 à 1506. Cette distinction seule prouverait déjà son importance, sans les considérations qui s'y rattachent.

XXIII

La croyance que notre docteur professait fut la cause, directe ou indirecte, de tous les malheurs qui lui survinrent. Il souleva la haine des envieux, basée sur la différence de sa religion ; il subit la disgrâce du roi de Portugal, à cause de sa religion ; il fut chassé de son pays natal, à cause de sa religion ; il fut compris dans le bannissement général de tous ceux qui exerçaient sa religion. Et, malgré tout ce qu'il avait

(1) La première édition est de 1526, sans lieu d'impression (Salonique), extrêmement rare. Les autres éditions sont d'Amsterdam, 1644, et d'Offenbach, 1767. On en a une traduction latine sous le titre *Præco salutis*.

(2) Ms. de la Bibliothèque Imp., ancien fonds hébreu, n° 199. Cette copie, en petits caractères juifs-africains, est assez moderne, datée de 5408 (1648), et rapportée de Constantinople en 1676.

subi au nom d'un culte dissident, il n'usa jamais de représailles par des actes de violence et n'exerça jamais envers ses ennemis la puissance dont il disposait.

Ses critiques, tout en reconnaissant ce fait, ou plutôt, tout en faisant cet aveu tacite, lui ont reproché de s'être montré beaucoup trop acharné dans ses écrits contre la religion chrétienne. Le père Bartholloci aurait voulu que l'on n'eût point permis aux juifs la lecture d'œuvres semblables; aussi remarque-t-il, certes sans déplaisir, que celle des commentaires sur les derniers prophètes leur avait été interdite et qu'ils n'osaient pas les conserver dans leurs maisons par crainte du Saint-Office: ce qui était vrai et arriva effectivement dans les pays où régnait l'inquisition.

Si Abravanel jugeait du christianisme par les excès de ceux qui en étaient les ministres, on ne saurait lui faire un reproche de n'en avoir parlé qu'avec aigreur. Cependant, il ne tendit pas à dénigrer le catholicisme par des injures et à s'élever contre ses ennemis par des attaques analogues. Au contraire, il rechercha la discussion éclairée, afin de convaincre ses adversaires par le raisonnement et des arguments irréfutables. C'est probablement pour cette raison que ses détracteurs le haïssaient davantage.

Nous possédons d'ailleurs, en dehors de ces livres spéciaux, ses opinions à l'égard de la religion chrétienne et de son fondateur, consignées dans sa Préface au commentaire sur Isaïe; elles méritent d'autant plus notre attention, qu'elles se rapportent aux versets sur lesquels les théologiens chrétiens se basent pour prouver la divinité de Jésus :

« Il existe, dit-il, sur le chapitre xi de ce livre et sur les prophéties qui y sont contenues, une grande diversité d'opinions, dont les principales sont au nombre de trois. Selon la première, elles se rapportent au roi Ezéchias; selon la seconde, la prophétie s'est accomplie au temps du second temple et concerne le prince Zorobabel; enfin, la troisième opinion est celle des commentateurs chrétiens qui l'appliquent à Jésus : il est descendant de Jessé, suivant eux (v. 1); il avait d'excellentes qualités (v. 4); il a été enterré honorablement (fin du v. 10); toutes les nations ont adopté sa loi (v. 9). »

Après avoir démontré que les deux premières suppositions ne sont pas fondées, il arrive à l'opinion chrétienne. En admettant le principe fondamental de leur croyance, cette prophétie ne peut plus s'appliquer à Jésus, car si Jésus n'est pas fils de Joseph l'époux de Marie, alors il n'est plus descendant de David. La généalogie évangélique de Matthieu descend bien d'homme à homme jusqu'à Joseph et non jusqu'à Marie; ainsi la descendance de David n'existe pas. Les commentateurs chrétiens ont senti la difficulté. Pour la lever, ils disent que les femmes israélites ne se mariaient qu'à des hommes de leur tribu, ainsi que Moïse l'a ordonné au sujet des filles de Tselophchat (1). Il s'ensuivrait de là que Joseph étant de la race de David, Marie en était nécessairement aussi. Mais ce raisonnement n'a aucun fondement. D'abord, l'ordonnance de Moïse n'est que relative aux filles héritières de biens-fonds. Où est-il dit que Marie fût dans cette catégorie? Supposons même que cela soit, il s'ensuivrait qu'elle était de la tribu de Juda, mais nullement de la famille de David, car chaque tribu renfermait un nombre considérable de familles. D'ailleurs nous voyons par l'histoire, que cette ordonnance citée, ayant en vue le partage des terres, n'était point exécutée aux siècles écoulés avant la destruction du premier temple. Après la guerre contre les Benjamites, toutes les autres tribus conviennent de donner leurs filles à ces Benjamites. David, de la tribu de Juda, épouse la fille de Saül de la tribu de Benjamin; le roi Josaphat, de la tribu de Juda, épouse Athalie, fille d'Achab, de la tribu d'Ephraïm, et de même plusieurs autres. Le mélange augmente encore au temps du second temple : alors on épousait des égyptiennes, des édomites, etc. ; ainsi le roi Hyrcan, pontife de la maison des Asmonéens (Machabées), épouse la fille de Ptolémée, roi d'Egypte. Antipater, père d'Hérode, épousa une édomite. Si l'on se permettait de telles infractions, sans doute les tribus

---

(1) Nombres, chap. XXVI, vers. 33; chap. XXVII, vers. 6.

ne se faisaient pas scrupule de s'allier entre elles. D'ailleurs au second temple, la division territoriale par tribus n'existait plus et par conséquent, il n'y avait plus à craindre le transport des biens d'une tribu dans une autre; une héritière pouvait, sans infraction à la loi, épouser un israélite quelconque. Ainsi, d'après ce qui précède, on est autorisé à demander : comment Jésus est-il de la race de David, puisque son père n'a pas eu de commerce avec sa mère? Pourquoi l'apôtre Matthieu, au lieu de donner la généalogie de Joseph, qui ne sert à rien, ne donne-t-il plutôt la généalogie de Marie? (1) Les chrétiens n'ont pas de réponse à ces questions.

Jésus n'était pas juge en Israël; ainsi, on ne peut lui appliquer ces versets : « Il ne juge pas d'après la vue de ses yeux, et ne décide pas d'après ce qu'il entend; mais il juge les pauvres avec droiture (v. 3 et 4). » De même, ni de son temps, ni après sa mort, ne s'est vérifiée la prédiction « Le loup habitera avec la brebis » (v. 6), si l'on prend le verset au sens propre; mais si on le prend au figuré, en entendant par là une paix profonde, la prophétie n'a pas été non plus accomplie; car de son temps il y a eu de grandes dissensions, une guerre qui s'est terminée par la destruction de Jérusalem, et après sa mort le monde était rempli de troubles, d'agitations et de guerres civiles.

Laissant ces versets de côté, que veulent faire les théologiens chrétiens du passage suivant : « Dieu continuera une seconde fois, etc., » où il est question de la rédemption des tribus et de la réunion de Juda, et autres choses de ce genre? Aussi, leurs théologiens se sentent-ils très à l'étroit dans ce verset, et il leur prend des vertiges dont ils ne peuvent se tirer. Ainsi, ils disent que ce verset, dans lequel il est question du rachat ou de la délivrance du peuple de Dieu, doit s'entendre de la mission des apôtres; la réunion des exilés, ce serait la vocation des nations, pour accepter la nouvelle loi : le verset « Et il élèvera une bannière pour les peuples, »

____

(1) Évangile selon Matthieu. chap. i, versets 2 à 16.

ferait allusion à la croix; et le verset « Ils prendront leur vol
du côté des Philistins », doit s'appliquer aux missionnaires qui
allèrent prêcher l'Évangile aux peuples de l'Orient, et comme
ils n'ont pas trouvé d'obstacles du côté de l'Égypte, ils se
sont tournés de ce côté, en y appliquant le verset 15 d'Isaïe,
qui traite de ce pays.

On voit bien d'après cela que leurs discours et leurs explications sont des sujets vains et futiles. Aussi, je ne m'en
occuperai plus; c'est un système qui se détruit par ses propres principes. J'en ai fait mention ici pour consolider la
confiance du lecteur dans l'explication que nos docteurs donnent de l'Écriture sainte.

La prophétie ne pouvant s'expliquer par aucune des interprétations que nous venons de rapporter, il est clair qu'elle
n'a en vue que la rédemption et l'arrivée future du Messie.
C'est là l'unique matière de toute la prophétie (1). »

L'animosité de notre auteur, la haine qu'il témoignait
contre les chrétiens en écrivant, ne l'empêchait pas de vivre
avec eux d'une manière civile et agréable, à ce qu'en dit
Bayle et après lui les biographes modernes; quoiqu'il ne fût
exempt ni d'aigreur ni d'irritation dans ses écrits, il se mon-
tra cependant toujours bienveillant dans ses relations per-
sonnelles avec les chrétiens. Pendant les longues années
qu'il passa à la tête des affaires d'Etat, on ne vit jamais un
seul chrétien se plaindre de quelque injustice commise à son
égard (2). C'est qu'il savait refouler en lui et chasser les res-
sentiments qu'il aurait pu éprouver et les sacrifier à l'exercice
de ses devoirs, au lieu d'user de sa position pour tirer vengeance de ses ennemis. De même que nous l'avons vu, malgré
ses idées politiques et ses théories républicaines, accomplir
fidèlement son rôle de sujet dévoué et de citoyen digne de ce
nom, de même il savait faire abandon de sa personnalité et
de ses convictions particulières dans l'intérêt de tous. Il re-

(1) Tome IX de la traduction française de la *Bible* de M. Cahen.
Appendice, p. 30 à 34.
(2) Yung, *Gelehrte Juden*, p 8.

présentait l'exemple vivant, admirable pour son siècle, de la liberté de conscience jointe aux qualités sérieuses du citoyen loyal et de l'écrivain distingué.

XXIV

En même temps, il écrivit encore quelques petits traités sur divers sujets philosophiques, tel que son Commentaire sur le célèbre ouvrage de théologie de Maïmonide, le *Guide des Égarés*. Malheureusement, il n'est pas complet, soit que l'auteur n'ait pas eu le temps de l'achever, soit que des fragments de cet opuscule aient été perdus. Cet ouvrage fut fait à la hâte et à diverses reprises גנובתי יום וגנובתי לילה, et copié au siècle suivant à Salonique, sous les yeux et dans la maison du petit-fils d'Abravanel, qui portait le nom d'Isaac. L'auteur avoue modestement qu'après l'avoir relu plus tard, il s'était aperçu qu'il avait négligé plusieurs chapitres en écrivant son commentaire et qu'il y avait omis quelques sujets importants, si bien que cet ouvrage resta à l'état de manuscrit jusqu'à nos jours. Il a été publié depuis, d'après le manuscrit, en deux parties, par M. I. Landau (Prague, 1831).

Dans les fragments de son commentaire sur le *Guide*, qui nous ont été conservés, se trouve l'énumération des opinions sur la prophétie, suivant Maïmonide (1) :

La première opinion, celle des croyants, fait tout émaner de la seule volonté de Dieu.

La seconde opinion est celle de ceux qui n'admettent rien de surnaturel dans l'univers, et ne voient dans la prophétie que le développement d'une faculté que toute l'espèce humaine possède en *puissance*, quoiqu'à des degrés différents.

Enfin, la troisième opinion, qui est intermédiaire, attribue la prophétie à une faculté préexistante dans l'homme et se développant par la volonté divine.

On le voit, il n'y avait là rien d'original ni de particulier.

____

(1) Traduction française du *Guide des Égarés*, par M. S. Munk, tome II, chap. xxxii, p. 259, note 2.

Dans d'autres parties, il ne fait trop souvent que rencherir sur les minuties et les difficultés suggérées par les commentateurs, qu'il réunit et qu'il résume. Parfois aussi, il suscite de nouvelles explications à la place des fausses qui ont précédé les siennes ; il les flétrit alors par cette expression מעשה תעתועים המה, dont rien ne saurait rendre l'énergie.

Il se distingue particulièrement par son interprétation sur le chapitre XIX de la seconde partie du texte qu'il avait sous les yeux, à laquelle il consacra un opuscule distinct (1). Dans ce chapitre, Maïmonide aborde les preuves directes qu'on peut alléguer en faveur de la création *ex nihilo*, en faveur de cet article de foi de la croyance juive que l'univers a été tiré du néant par le Tout-Puissant. Il y démontre la fausseté du système d'Aristote, selon lequel tout, dans le monde, suivrait une loi éternelle et immuable, en désignant les invraisemblances qui résulteraient des opinions de ce philosophe. — Comme un des commentateurs du *Moré (guide)*, Moïse de Narbonne avait opposé à l'auteur du *Guide* des objections assez sérieuses pour affaiblir, aux yeux de quelques contemporains, l'effet des preuves scientifiques présentées par Maïmonide ; Abravanel de son côté crut devoir expliquer les opinions du savant de Cordoue et démontrer la Création au point de vue de ce docteur, dans un commentaire particulier, qui lui donné l'occasion de se livrer à plusieurs savantes dissertations. Il l'intitula שמים חדשים, *Cieux nouveaux* (2).

Il le composa dans l'espace d'un mois, depuis la veille de la fête de Pourim jusqu'à celle de Pâques, de l'an 5258-1498. Il faut dire qu'il jouissait alors, dans la ville de Monopolie, de la tranquillité qui permet le travail et y engage.

(1) *Guide, etc.*, ibidem, chap. XIX, p. 144, note 4.
(2) Édité par W. Heidenheim, 1828, in-4°. — Il y a lieu de s'étonner qu'il ait été mentionné comme manuscrit, par M. Deutsch, dans le *Judischer Plutarch, biographisches Lexicon*, première partie, p. 8.

XXV

Dans cette même ville, et à peu près vers la même époque, il composa un écrit sur la *Haggadah* ou rituel des premières nuits de la fête de Pâques, sous le nom de זבח פסח, *sacrifice pascal*. Dans cet ouvrage, l'auteur manifeste un mode, qui est propre aux rabbins et aux écrivains du moyen âge, de symboliser les chiffres, d'y retrouver des allusions mystérieuses, des usages particuliers, ou d'autres rapports plus ou moins marqués entre des nombres et certains passages caractéristiques de la Bible.

Mettons ici sous les yeux du lecteur un échantillon du système cabalistique, genre d'études dont le modeste écrivain s'était pourtant défendu, mais auxquelles il ne put complétement échapper. Cet exemple que nous citons suffira pour donner une idée approximative de ces écrits mystiques, sur lesquels nous ne possédons guère encore en France que des appréciations générales, dépourvues de détails (1) :

La nation Israélite, disait Abravanel, est l'image de la nature ; — Elle a d'abord un commencement : c'est Abraham, — un ; — Puis on y remarque trois hommes : Abraham, Isaac et Jacob, — trois ; — Ceux-ci donnent naissance aux douze tribus, — douze ; — Ensuite, on en voit sept, les trois patriarches, les deux prophètes Moïse et Aaron, et deux rois, David et Salomon, — sept ; — Enfin, soixante-dix âmes israélites descendirent en Égypte, — soixante-dix. — Il en est de même dans l'ordre de l'univers : — Le Créateur de toutes choses est un ; — Les mondes supérieurs, le spirituel, le céleste et le terrestre sont trois ; — Les étoiles sont au nombre de douze ; — L'ensemble des planètes forme le chiffre sept ; — La plus importante d'entre elles, le soleil, brille entre toutes, comme Moïse au ciel ; — Les trois supérieures correspondent aux patriarches ; — Les trois inférieures, aux règnes d'Aaron, de David et de Salomon.

---

(1) Cette observation n'a pas la prétention d'amoindrir la valeur des ouvrages consacrés à ce sujet ; il s'agit de l'ensemble.

Heureusement pour la coïncidence de ces nombres, l'on
ne connaissait pas encore cette multitude de planètes nées,
ou pour être plus exact, découvertes de nos jours. — Enfin,
comme correspondant aux soixante-dix âmes en Égypte,
nous trouvons les génies des divers peuples de la terre, au
nombre de soixante-dix (1).

Parmi les maladies de l'esprit humain, disait M. Terquem,
la plus répandue n'est pas l'idolâtrie, mais bien la logolâtrie
et l'arithmolâtrie, le culte rendu soit aux mots, soit aux
nombres. L'homme a une grande propension à s'adorer dans
l'œuvre de ses mains et une plus grande encore dans l'œuvre
de son esprit. Beaucoup de nombres, et pour des raisons
diverses, ont trouvé des partisans fanatiques. Mais c'est surtout les nombres 7 et 12, écrits si longtemps dans le ciel,
qui ont acquis une immense vénération sur la terre ; aussi
nous trouvons dans les nombres indiens les facteurs 7 et 12
combinés avec les facteurs 2, 3, 5. Abravanel avait aussi une
prédilection pour le nombre 14. Cet amour pour certains
nombres, cette disposition maladive intellectuelle n'a disparu
chez les auteurs israélites qu'au xviiie siècle, et même on en
trouve encore des traces de nos jours. Cependant, ils avaient
quelqu'utilité, et ces jeux, regardés aujourd'hui avec raison
comme des puérilités, présentaient quelquefois des avantages
mnémoniques avant la découverte de l'imprimerie et de la
forme actuelle de nos livres, alors que l'on n'avait pas ces
facilités pour faire et trouver des citations (2).

XXVI

Dans les dernières années de sa vie, il écrivit sur les bases
fondamentales de la religion, un traité intitulé : ראש אמונה
Principe de la foi. Dans cet écrit, Abravanel combat non-
seulement les rabbins Chasdaï et Joseph Albo, qui avaient
vivement discuté quelques-uns des treize articles de foi com-

(1) *Zebach Pesa'h*, fol. 31 *b*.
(2) Bible de M. Cahen, tome IX (Isaïe). Appendice, p. 43, note 6, et
p. 45, note 13 ; tome X, p. 16, note 2.

posés ou énoncés par Maïmonide, mais encore il va jusqu'à
s'opposer à l'expression de ces formulaires, sans en nier posi-
tivement certaines parties. Il prétend qu'il n'existe pas de
raison péremptoire pour élever un point fondamental de la
croyance au dessus d'un autre : la religion d'Israël est un
entier, dont il ne faut, selon lui, donner séparément aucun
point distinct qui, dans son isolement, pourrait perdre de sa
valeur. Il s'opposait à l'énonciation de tels principes formu-
lés, — bien entendu tout en les admettant quant au fond, —
parce qu'il pensait que ces formules dogmatiques n'avaient
été posées qu'à l'imitation d'écoles scientifiques qui, pour
leurs démonstrations, avaient eu besoin d'axiomes, choses
complétement inutiles en matière de croyance ; c'est ainsi
qu'il voyait avec déplaisir, dans les titres officiels donnés
aux rabbins, un emprunt regrettable fait aux universités. —
Il est presque inutile d'ajouter, car cela va sans dire, que les
articles de foi dûs aux soins de Maïmonide ont prévalu,
qu'ils se sont maintenus pendant la discussion et qu'ils ont
continué à subsister et à être transmis jusqu'à nous.

Plantavitius a faussement cru (1) que ce livre traitait du
Sacrifice de la Pâque et de l'Héritage des Pères, les deux
œuvres que nous venons de mentionner et avec lesquelles il
n'a de commun que l'impression, car ils forment ensemble
un même volume. L'ouvrage dont il s'agit ici a été imprimé
pour la première fois à Constantinople, l'an du monde 5266,
de J.-C. 1506, in-4°, et non pas l'an 5255, de l'ère vulgaire 1495, comme rabbi Schabtaï l'indique par erreur (2).
Il aura, selon les apparences, pris l'année de la composition
pour celle de la publication.

En outre, Guillaume Vorstius en a fait une traduction
latine, à laquelle il a joint quelques notes, particulièrement
sur les chapitres douze et quatorze (3). Il a suppléé en marge
à quelques unes des lacunes qui s'y rencontrent, selon l'édi-

(1) Bibliothèque rabbinique de Plantavitius, p. 625.
(2) *Siphté Ieschénim*, n. III, fol. 59.
(3) Richard Simon, *Histoire critique du Vieux-Testament*, p. 601.

tion de Venise, qui est améliorée déjà et qui date de 1574.

Le présent ouvrage se rattache, comme nous avons déjà eu l'occasion de l'observer pour l'un des précédents, au commentaire biblique et à l'un des points d'exégèse, dont l'auteur n'a pu donner d'abord qu'un résumé et dont il présente ici le complément. Ainsi, avant d'exposer ses opinions sur les principes et les bases fondamentales de la dogmatique juive, il avait fait mention de la controverse religieuse qui eut lieu au sujet de la résurrection, et il avait signalé à cet égard les différents sentiments des théologiens, dans sa préface du commentaire qu'il fit sur les prophéties d'Isaïe.

Il règne, selon lui, parmi les savants et théologiens israélites, une grande diversité d'opinions relativement à la fin de l'homme et à sa véritable destination. Saadia, dans le septième chapitre de son *Livre de la foi,* ספר האמונה, a accumulé sur cette matière beaucoup d'arguments, de questions et de réponses ; mais ce qu'il dit est encore sujet à bien des doutes. Il en est de même des écrivains postérieurs, tels que le Ramban, le rabbi Chasdaï, et d'autres. Maïmonide a également consignés son opinion, d'une manière très-concise, il est vrai, dans son commentaire sur la Mischna (1), et aussi plus au long dans une lettre qui traite spécialement de la résurrection. Il croit que les récompenses et les peines sont particulières à l'âme dès sa séparation d'avec le corps et dans le monde des âmes (2). Avec cela, il admet pourtant aussi la résurrection des morts, ou en d'autres termes, il prétend que par une voie miraculeuse les âmes seront de nouveau réunies aux corps.

« Cette théorie de la résurrection, s'écrie l'auteur des *Lettres tsurphatiques* (3), suffirait seule pour prouver com-

---

(1) Introduction au dixième chapitre, *Pérek chélek,* du traité *Synhédrin;* le xiiie article de foi n'est que mentionné.

(2) Voir son *Guide des Egarés,* 1re partie, ch. xli, traduction de M. Munk, p. 146 ; ch. lxx, p 328.

(3) Dans la *Traduction française de la Bible,* par S. Cahen, préface, p. 16 à 17, et p. 43 à 44, note 7.

bien sont immenses l'orgueil et la cupidité de l'homme, si
une telle preuve était nécessaire, si elle ne ressortait pas de
toutes nos actions, de nos paroles, de nos systèmes. Ce n'est
pas assez pour lui d'avoir reçu de Dieu, en partage, une substance divine, une *âme immortelle ;* il faut encore que l'enve-
loppe matérielle, qui met cette âme transitoirement en relation avec le monde extérieur, il faut que son corps jouisse en
quelque sorte de la même immortalité, et pour satisfaire à
cette sotte vanité, la perturbation des lois de l'univers lui
paraît chose toute simple, qui lui est due ! »

Ici, ce n'est pas le lieu de décider entre la première opinion, selon laquelle la récompense des justes consiste dans
la volupté réservée à l'âme après qu'elle s'est séparée du
corps, et la seconde opinion, selon laquelle la volupté est
réservée à l'âme et au corps réunis, dans ce qu'on appelle
עולם הבא, monde à venir. Il est inutile d'insister sur le
mode de la résurrection, sur son essence et son identité, ou
sur la transmigration des âmes, ni sur la figure, le maintien
et la manière de vivre des ressuscités, principes qu'Abravanel
énumère au nombre de quatorze et qu'il entrevoit dans les
diverses prophéties d'Isaïe. Une telle solution ne pourrait
se faire sans empiéter sur le domaine de la théologie ; tandis
que, pour l'instant, il ne s'agit que d'analyse.

<h2 style="text-align:center">XXVII</h2>

A l'usage de son fils cadet nommé Samuel, il composa sur
le traité de la Mischnah, *Pirké Aboth,* maximes ou sentences
des pères, un écrit intitulé נחלת אבות, héritage des pères. Il
y explique, dans une savante préface qu'il a mise à la tête
de son livre, la succession de la loi orale ou traditionnelle
depuis Moïse jusqu'à Rabbi Juda Ha-Naci, qui l'a recueillie
par écrit. Comme le traité qui est l'objet du commentaire de
notre rabbin n'est autre chose qu'un recueil de maximes des
anciens docteurs de la synagogue qui y sont désignés, il a
soin de les faire connaître chacun en particulier, et à cet
effet il entre dans des détails circonstanciés de tout ce qui

regarde leurs personnes (1). Il y revient sur une question de dogme religieux, en y établissant les principes fondamentaux relatifs à la résurrection, à propos des termes de la Mischnah (iv, 21) : les enfants vont à la mort, et les morts à la vie. — Il parut aussi de Jacob Herksch, sous le titre de קיצור אברבנאל, un abrégé de ce même ouvrage, ainsi que du sacrifice pascal; Bartholocci en fait auteur un certain rabbi Jacob Bar Eliakim Hailpron, et Maïus nomme cet abréviateur Hasiphroni.

D'autres auteurs se sont encore occupés de l'ouvrage d'Abravanel. Gui Le Fevre de la Boderie marque fautivement dans son Dictionnaire syriaque et chaldéen que son commentaire ne roule que sur le quatrième chapitre du Traité des Pères, lequel commence par ces mots : Ben-Zoma dit, etc. Il en est résulté une bévue plus grossière commise par Nicolo Antonio, en attribuant à notre rabbin un livre qui porterait le titre *Ben-Zoma*, traduit par ce dernier *Salvator sperantium*, le Sauveur de ceux qui espèrent. Les mots Ben-Zoma n'ont certes pas cette signification en hébreu, cela va sans dire; il a cru aussi mal à propos que l'ouvrage en question était différent de celui qui est appelé Héritage des Pères.

« Voilà sans doute à quoi l'on s'expose, » dit M. de Boissi, « quand on veut donner sur le rapport d'autrui la traduction des termes d'une langue que l'on n'entend point » En faisant cette observation, il aurait bien dû commencer par se l'appliquer souvent à lui-même.

Mais, ne nous arrêtons point et passons au plus important parmi les derniers ouvrages qu'Abravanel ait composés sur la théologie et la philosophie, intitulé מפעלות אלהים, *les Œuvres divines*. Cet ouvrage philosophique, divisé en dix chapitres, est une dissertation très-lumineuse sur la création de l'univers, ainsi que sur d'autres œuvres et miracles de la Divinité, rapportés dans le Pentateuque. L'auteur y combat ceux qui prétendent soutenir la thèse de l'éternelle durée de

____

(1) La première édition est de Constantinople, 1505; les autres sont de Venise, Amsterdam, etc.

l'univers, ce qui lui donne l'occasion de rechercher les sources auxquelles Moïse puisa pour la rédaction de la Genèse.

D'autres œuvres, qui restent dans cette catégorie, se sont perdues par suite des persécutions auxquelles notre écrivain fut en butte. C'est ce qu'il nous apprend par la lettre qu'il écrivit à son ami Saul Ha-Cohen, de Candie, pour lui indiquer l'énumération de ses ouvrages (1), lettre dont le manuscrit date de l'an סורה, 5266 = 1506. Il avait composé dans la ville de Naples un livre intitulé צדק עולמים, *la Justice des mondes*, ou leur organisation et leurs rapports. Mais, à l'arrivée de l'armée française dans ce royaume, la maison qu'il avait quittée pour suivre son roi fut pillée et ses livres dispersés. Parmi eux, se trouvait le manuscrit de l'ouvrage en question, qui fut sans doute déchiré ou brûlé. Depuis cette époque, l'auteur se proposa de le refaire dans un cadre plus développé. En voici le plan tel qu'il le communiqua à son ami : « L'ouvrage se divisera en trois sections. La première comprendra les lois qui régissent ce bas-monde, la terre ; la seconde traitera de l'empire céleste, du séjour des âmes et de ce qu'il faut entendre par paradis et enfer ; la troisième s'occuppera de la question du grand jugement, c'est-à-dire de la résurrection. J'ai étendu mes recherches, dit-il, j'ai examiné toutes les parties et embranchements, discuté les objets, et j'ai séparé dans les opinions ce qui est exact de ce qui ne l'est pas. » Il est à regretter qu'il ne put s'en occuper de suite, car il travaillait alors à l'achèvement de son vaste commentaire sur la Bible.

Il avait également commencé dans cette péninsule deux opuscules sur les visions prophétiques, leur classification et leur gradation ; dans ces deux petits traités, il se proposait d'approfondir et de discuter les théories de Maïmonide et les distinctions que celui-ci établit entre les prophètes ordinaires et Moïse, le prophète par excellence, le prince des voyants.

---

(1) Zunz, *Zur Geschichte und literatur*, première partie, p. 225.

XXVIII

Enfin, il nous apprend qu'il avait commencé à travailler à
une histoire des Juifs depuis leur dispersion; il avait déjà
compulsé des notes à cet effet, et il en est resté des traces
dans ses œuvres. Vers la fin de son commentaire sur le second livre des Rois, il parle de la fixation des Juifs en Espagne, en France et jusqu'en Angleterre. Voici à quel sujet :

Abravanel rattache à une prédiction d'Isaïe (chap. XLIII,
v. 3) bon nombre d'événements historiques survenus aux
Juifs et dont résultèrent des agglomérations fort importantes
d'habitants israélites dans tout l'Orient. Ainsi, dit-il, s'applique aux *Marannos*, ou à ceux qui ont été baptisés de
force, le verset du prophète qui s'exprime ainsi : « Si l'eau
(du baptême) passe sur toi, si tu es inondé, si la flamme (de
l'inquisition) a consumé tes membres, je resterai néanmoins
près de toi. » En effet les tribulations et les persécutions
auxquelles Israël fut successivement en butte dans les
contrées occidentales, eurent pour heureux contraste leur
accueil favorable dans d'autres États, surtout dans les pays
orientaux. Si, d'une part, en l'an 5020 de la création du
monde (1260 de l'ère vulgaire), tous les Israélites sont
chassés de l'Angleterre, où ils avaient les premiers et les
seuls eu l'idée d'un commerce développé, d'autre part, la
France les accueillit au sein de populations juives établies
là depuis fort longtemps. Lorsqu'ensuite, à diverses reprises,
le roi de France les chassa de son royaume en telle quantité
que le contemporain rabbi Levi-Ben-Gerson les supposa deux
fois plus nombreux que les émigrants d'Égypte, lorsqu'enfin
en 1492 fut décrété le célèbre exil d'Espagne et de Portugal,
et que successivement la Savoie, la Lombardie, la Toscane,
l'Allemagne refoulèrent les Israélites vers le Sud et l'Orient,
ceux-ci trouvèrent un refuge en Asie, presque en Terre
sainte même, l'antique héritage de leurs ancêtres (1).

---

(1) *Comment. sur les prophètes postérieurs*, édit. de Venise, fol. 79,
col. 2.

L'on remarque encore que, dans sa préface au livre d'Ézéchiel, il donne, d'après les voyageurs, des détails sur le tombeau de ce prophète, au sujet duquel il s'exprime en ces termes :

« ...Tous deux, Jérémie et Ézéchiel, sont morts hors de la Terre sainte et dans le pays de Babylone ; car on sait que Jérémie y a été exilé et y est mort. De même, Ézéchiel est mort à Babylone, tandis que vivait encore le roi Nabuchodonozor. Aujourd'hui encore on trouve sa sépulture, près de laquelle il y a une grande synagogue : cet endroit s'appelle : Synagogue d'Ézéchiel. D'un côté, elle est bornée par l'Euphrate, et de l'autre, par le fleuve Chaboras. A l'endroit où est la synagogue, il y a environ soixante tours ; entre chaque tour, il y a une synagogue. Dans la cour de la synagogue d'Ézéchiel est construite l'arche, et derrière la synagogue est la tombe d'Ézéchiel.

» Là dessus, il y a une grande colonne, très-belle construction faite par le roi Joachim. Car à la mort de Nabuchodonozor, auquel succéda son fils Ewilmerodach, qui fit sortir Joachim de la prison, ce dernier vint avec trente-cinq mille Juifs près de la tombe d'Ézéchiel, qui était en cet endroit. Le roi Joachim qui avait reçu d'Ewilmerodach des terres, des villages et d'autres propriétés pour l'entretien de tous, les légua après sa mort à la synagogue d'Ézéchiel, et avec la multitude de Juifs qui étaient avec lui, ils ornèrent magnifiquement la synagogue d'Ézéchiel et la colonne qui était sur son tombeau. Jusqu'à ce jour, on voit gravé sur la muraille le nom de Joachim et de tous ceux qui sont venus avec lui de l'exil de Babylone ; c'est-à-dire, depuis Joachim qui est au commencement et forme la tête, jusqu'à Ézéchiel qui est placé en dernier. Cet emplacement de la synagogue d'Ézéchiel est très-vénéré des Israélites qui y viennent prier des pays les plus éloignés, pendant l'espace de dix jours qui s'écoulent entre la fête de *Rosch haschana*, ou le premier jour de l'an, et celle de *Yom Kippour*, jour du grand pardon ; car le prophète est mort dans cet espace de temps.

» Il s'est établi là une grande foire, appelée par les gens de

la localité *Feriæ* פיריאה. Chaque année, pendant là fête de
Yom Kippour, dans la synagogue d'Ézéchiel, on sort de l'étui
qui le renferme, le *Sépher Tora*, ou rouleau de parchemin
contenant le Pentateuque; il est de l'écriture d'Ézéchiel le
prophète, et on y fait ce jour une lecture. Il y a une grande
maison dépendante du sanctuaire, remplie de livres, venant
de l'époque du premier et du second temple, et tout juif qui
meurt sans enfants, dans quelque pays que ce soit, lègue ses
livres à cette bibliothèque. — Mahomet, le prophète des
musulmans, a confirmé à cette synagogue toutes les préro-
gatives dont elle jouissait, et elles existent encore jusqu'à ce
jour (1). »

Pour rapporter ces faits, Abravanel dit qu'il s'est servi en
partie des récits d'un voyageur du royaume de Navarre, connu
sous le nom de Benjamin de Tudèle, qui a parcouru plusieurs
pays lointains, principalement les localités les plus remarquables de la Palestine, et a mis par écrit tout ce qu'il a vu
jusqu'à son retour en Portugal, qui eut lieu l'an 4933 de la
création, ou 1173 de l'ère vulgaire. Toutefois, les récits de
cet écrivain au sujet de la synagogue et du tombeau d'Ézéchiel sont bien abrégés. Aussi notre auteur dut-il chercher
ailleurs d'autres documents plus étendus, pour compléter
son sujet. Il consulta, à cet effet, les travaux d'un célèbre
chevalier du xvie siècle, Jean de Mandeville, originaire de
l'Angleterre. Le désir de parcourir les pays étrangers et de
voir les merveilles du monde, engagea le chevalier anglais
à quitter sa patrie en 1327. Il voyagea en Asie et en Afrique.
Après avoir parcouru la plus grande partie du monde habité,
il publia à son retour une relation écrite de tout ce qu'il avait
vu (2). On trouve dans ces notes de voyage beaucoup de
choses curieuses, sinon toujours vraisemblables ; entre autres,
il rapporte ce qu'il a vu de remarquable au sujet du tombeau
d'Ézéchiel. Du reste, sa relation, pour ce qui concerne les

(1) T. XI de la *Bible*, de M. Cahen, introduction, p. 30 à 31.
(2) Il mourut à Liége, le 17 novembre 1372. Voy. *Orient*, année 1844,
Literatur-Blatt, n° 15.

généralités, est conforme au récit de Benjamin de Tudèle.

On voit par ces exemples, que nous ne voulons pas multiplier davantage, comment don Isaac devait traiter l'histoire des Juifs. Cette étude complète eut certes jeté de vives lumières sur ce sujet; mais les documents pour cet ouvrage se sont perdus. Les persécutions l'en détournèrent malheureusement; il dut remettre à plus tard ces divers essais, en disant : « S'il plaît à Dieu et s'il me prête vie, je les achèverai; sinon, qu'il soit fait selon sa volonté. » Et la mort le surprit à la tâche.

XXIX

Nous ne trouvons pas dans cette énumération qu'il se soit occupé particulièrement, c'est-à-dire en dehors de ses commentaires bibliques, du motif des divers commandements rapportés dans le Pentateuque. Toutefois, nous possédons indirectement ses opinions sur ces sujets, reproduites dans un dialogue qui eut lieu entre Alphonse V, roi de Portugal, et un de ses sujets du nom de Thomas, dont nous avons déjà eu l'occasion de parler au premier paragraphe. Voici comment s'exprime à cet égard l'auteur de ce récit, Salomon Ibn-Verga : (1)

Le roi. — « Je veux m'instruire afin d'être à même de répondre à mon peuple, s'il me demande justice contre les juifs accusés d'assassinat, et calomniés comme des hommes qui cherchent à répandre le sang. Je sais bien que le meurtre leur est formellement interdit, et même à maintes reprises; mais j'ai entendu dire que la défense n'avait été faite que pour les juifs entre eux, et que, selon le Talmud, un chrétien n'aurait point à leurs yeux la même valeur. »

Thomas. — « Seigneur et maître, j'ai eu à ce sujet une discussion avec un homme très-estimable de la famille des Abravanel, venu de Séville, sa ville natale. Il m'a répondu

____

(1) *Schébet Jéhoudah,* édition de M. le docteur Wiéner, texte hébreu, p. 10 et 13; traduction, p. 18 à 25.

que, pour celui qui avait quelque connaissance de la langue hébraïque, cette question n'offrait pas de difficultés. Il y a une différence à établir entre le terme de נכרי étranger, נוצרי chrétien, et גוי païen. L'*étranger* est celui qui s'est éloigné du culte de son créateur et ne veut pas se soumettre aux bases fondamentales de toutes les religions. Sous cette dénomination, l'on ne peut pas comprendre le chrétien qui croit à la création du monde, aux miracles, à la Providence. »

Le roi. — « Mais puisque nous croyons à la Trinité, ne devons-nous point passer aux yeux des juifs pour des *étrangers ?* »

Thomas. « Ce même grand savant que je viens de vous nommer m'a communiqué à ce sujet l'interprétation d'un ancien exégète célèbre, écrite depuis plus de six cents ans. Elle dit que celui qui croit à l'existence de Dieu, à la création du monde, à la prophétie et à la vie future, est religieux. Les chrétiens reconnaissent tous ces articles de foi ; s'ils y ajoutent la Trinité, ils ne veulent pas pour cela nier l'unité de Dieu, parce qu'ils prétendent la lier à la trinité et la confondre avec elle. Ce sont donc des hommes qui appartiennent à une religion, auxquels il est interdit d'être nuisible ; et si même ils n'appartenaient à aucun culte, il faudrait encore les traiter comme des êtres humains. S'ils n'observent pas toutes les lois mosaïques, ils ne font aucun mal ; car ces lois n'ont été ordonnées qu'au peuple sorti du pays d'Égypte, et effectivement la plupart d'entre elles se rapportent à cette délivrance. — Abravanel m'a encore dit que pour ceux qui ne voudraient pas admettre la distinction qu'il faut établir entre chrétien et étranger, nous trouvons une autre explication précise, c'est celle du Talmud, qui défend bien plus particulièrement de faire du tort à un non juif. »

Le roi. — « C'est avec le plus grand plaisir que j'entends les explications fournies par toi. »

Thomas. — « La cause de nombreuses accusations portées contre les juifs, c'est la haine qu'éprouvent à leur égard les sujets espagnols. Ceux-ci leur envient leur activité et leurs capacités, et comme ils ne sauraient travailler de même, ils sont obligés d'avoir recours à ceux qu'ils méprisent pour emprunter de l'argent afin de payer leurs impôts. Par suite de ces mêmes impôts, un grand nombre de terrains sont tombés entre les mains des israélites. »

Le roi. — « Voilà sans doute des raisons pour faire naître la haine. Mais les juifs pourraient objecter que rien n'oblige les chrétiens à leur emprunter de l'argent, et qu'ils sont la cause de leur pauvreté ? Toutefois, je leur oppose un autre défaut : Ils ont une tendance trop marquée à s'éloigner de ceux au milieu desquels ils vivent ; ils ne boivent, ni ne mangent avec leurs voisins, et rien n'unit tant les cœurs que la confiance mutuelle née entre les convives d'une même table ! »

Thomas. — « Ce n'est pas leur faute ; il faut s'en prendre aux talmudistes qui ont appliqué à tous ceux qui ne sont pas juifs ce que Moïse avait dit au sujet des païens (1), dont les immixtions pouvaient être dangereuses alors pour Israël. »

XXX

Après un court intervalle et un instant d'interruption par suite d'une audience, le dialogue fut repris (2) :

Le roi. — « Parlons d'autres sujets plus sérieux, et réponds-moi encore sur quelques questions. Tu m'as dit, dans le courant de notre conversation, que les lois mosaïques n'avaient été données qu'au peuple sorti d'Égypte, et que, pour cette raison, elles ne furent pas imposées à toutes les nations. Mais ce motif est plausible pour les commandements qui peuvent avoir quelque rapport avec la sortie d'Égypte ; pourquoi les autres lois, qui renferment des sentences et des doctrines aussi importantes, ne sont-elles pas ordonnées aux chrétiens ? »

(1) Lévitique, chapitre XVIII, verset 3.

(2) *Schébet Iehoudah,* texte hébreu, fol. 15 à 16, traduction allemande, p. 28 à 30.

Thomas. — « Quelques juifs observeront que ces questions ne comportent pas de réponse, elles ne peuvent pas recevoir plus de solution que la question suivante qui pourrait être faite : « pourquoi Dieu n'a pas fait de l'âne un philosophe et du mulet un prophète ? »

Le roi. — « Je ne t'ai pas interrogé pour que tu me présentes la réponse des sots, mais bien pour que tu me dises ce que tu en penses, à moins que tu ne manques de bon sens. »

Thomas. — « C'est vrai, seigneur, je m'explique mal. Aussi, ai-je eu à ce sujet une conférence avec Abravanel, et il en est résulté que depuis ce temps nous sommes brouillés ; voilà à quoi les explications ont abouti, bien que j'aie eu affaire à un savant remarquable. »

Le roi. — « Tu as eu tort de te fâcher ; dans ces sortes de discussions, l'inimitié ne devrait jamais surgir, vu qu'entre les deux parties, il y a un but commun, la recherche du vrai. Mais, puisque je t'en donne l'autorisation, raconte-moi ce et de si exagéré qu'il te disait de si outré. »

Thomas. — « Voici à peu près ses expressions : Le corail est le point intermédiaire entre le règne minéral et le règne végétal ; l'éponge est le point intermédiaire entre le règne végétal et le règne animal ; le singe est le point intermédiaire entre l'animal et l'homme, etc. Ainsi la plante se nourrit de la terre, et l'animal de la plante, puisque le règne végétal lui appartient dans ce but. L'homme, placé sur un degré plus élevé que celui de l'animal, ne prend pas sa nourriture parmi toutes les herbes ; mais il emploie à son usage celles qui s'adaptent à sa constitution physique. C'est ainsi encore que quelques animaux lui servent pour leur travail seul, mais il n'en use pas comme d'une nourriture, et il ne mange, par exemple, ni du cheval, ni du mulet. Mais, pour le juif, qui est au-dessus de l'homme ordinaire, la nourriture est encore moins générale et plus choisie. Même des bestiaux qui ne lui sont pas interdits, il ne peut manger qu'après maintes préparations, telles que de saler la viande, de la mettre dans l'eau, d'en extraire la graisse et le sang, jusqu'à ce que cette viande soit pour ainsi dire changée et affaiblie. C'est ainsi que s'accomplit la parole du prophète (Lévit. xx, 26) : Je vous séparerai du reste des nations. — Il en est de même d'autres lois ; elles ne furent ordonnées qu'à ces hommes élevés et supérieurs, comme le dit le texte (Exode, xix, 6) : « Et vous » serez pour moi un royaume de pontifes, un peuple » d'élite. »

Le roi. — « Et quelle réponse lui as-tu faite? »

Thomas. — « Je lui répondis la vérité, à savoir que ces lois ne s'adressent pas à nous, non à cause d'une infériorité au moins douteuse, mais au contraire à cause de notre perfection ; car ces lois sanitaires n'avaient été faites que pour calmer les passions brutales des hommes rustiques et grossiers sortis de l'Égypte, tandis que la nature calme de nous autres européens n'est pas en opposition avec les aliments de notre climat. »

Le roi. — « Ce docteur aurait pu te réfuter, en te citant toutes les autres lois qui ne se rapportent pas à la consommation et sont également contenues dans le Peutateuque. »

Thomas. — « Cette espèce de commandements ne s'applique pas non plus à nous, et il y a entre nous et les habitants de l'Asie une distinction à établir en notre faveur, basée sur l'amélioration de notre constitution naturelle. Avec ces dispositions, peu de règles suffisent pour nous mettre dans la bonne voie, de même qu'un homme de constitution robuste, s'il tombe malade, est rétabli avec un faible remède. »

Le roi. — « A mon avis, tu avais raison. Tu ne devais pourtant pas te fâcher avec ce savant, ni rompre avec lui tes liaisons amicales. Tu aurais dû te souvenir que toutes les religions ne subsistent que grâce aux motifs hypothétiques, desquels on suppose que celles-là tirent leur origine. — Mais je m'aperçois qu'il se fait tard ; nous reprendrons ces conversations demain matin, car elles m'intéressent vivement. »

Sans doute, et c'est un fait incontestable, ces interprétations laissent encore beaucoup à désirer ; les raisons présentées ne sont pas sans objections, ni répliques valables. Mais de tels essais, quelqu'imparfaits qu'ils soient, méritent notre attention, à cause de l'importance du sujet eu lui-même et de la valeur réelle qu'il a quant au fond, si même la manière de l'exprimer est défectueuse. Nous leur devons un examen spécial à mesure qu'ils se produisent, depuis celui de Maïmonide, le ספר המצות Livre des Préceptes, travail du même genre, le plus apprécié de tous, comme il le mérite en effet, et composé quatre siècles avant l'époque à laquelle nous nous arrêtons ici.

XXXI

SES FILS.

Nous ne saurions prendre congé du père sans parler également de ses enfants, de ceux qui portèrent dignement ce nom et succédèrent avec éclat à cet illustre maître.

Don Isaac eut trois fils : Juda, Joseph et Samuel. Le second, du nom de Joseph, naquit en 1471 et fut médecin à Venise, vers 1494. Plus tard, il se rendit à Ferrare, en 1508, pour y exercer les mêmes fonctions, qu'il légua en héritage à son fils Isaac. Ce dernier, suivant la coutume juive, portait le nom glorieux de son grand-père.

Le troisième, appelé Samuel, né en 1473, fut envoyé par son père de Naples à Salonique, pour y étudier sous la direction d'un maître célèbre, Jacob Fassi. Il vécut plus tard à Naples au milieu des grands et des nobles, surtout comme ami intime du ministre don Pedro de Tolède ; en même temps, sa femme occupait chez ce ministre les fonctions de directrice des enfants et était chargée d'élever la fille du ministre, qu'elle ne quitta qu'au moment où celle-ci fut fiancée à Cosmes de Médicis.

Samuel eut un fils, auquel il donna, suivant une autre coutume, le nom de son frère Juda. — Enfin, il dut quitter la ville qu'il habitait, et dans laquelle il avait fait un long et heureux séjour, il dut s'exiler lorsque les juifs en furent expulsés en vertu d'un bannissement proclamé vers 1540. Il se rendit à Ferrare, et il y mourut environ en l'an 1550, après avoir maintes fois prouvé qu'il savait user généreusement des richesses qu'il avait acquises.

La famille d'Abravanel s'établit dans l'Orient, où tous les étrangers arrivant des pays chrétiens étaient confondus sous le nom de *Francs*; et, lorsque longtemps après, elle quitta l'Orient et vint s'établir à Vienne en Autriche, on la désigna vulgairement sous le nom de *Frankel* (1) diminutif particulier à l'Autriche, et depuis ce temps, elle a toujours conservé ce nom. Il se trouve même encore à Berlin un médecin docteur Adolf ABARBANELL *junior*, mentionné parmi les souscripteurs à l'orphelinat de cette ville, et un rabbi de ce nom existe encore à Constantinople.

Cette famille justifia en Autriche, au double point de vue financier et intellectuel, son ancienne et haute réputation en Espagne. Cependant, lorsqu'en 1670 l'empereur Léopold bannit les israélites de l'Autriche sous peine de mort, elle partagea le sort commun. De concert avec d'autres exilés, la famille présenta une pétition au ministre résidant de l'électeur de Brandebourg, le priant d'obtenir pour eux, près de son maître, un établissement dans l'électorat : « Dieu a créé » la terre pour tous les hommes, disaient les pétitionnaires, » cependant tous les pays nous sont fermés, et nous ne » savons plus de quel côté tourner nos pas. » La misère et la dépopulation que la guerre de Trente ans avait laissées dans le marquisat de Brandebourg, engagèrent l'électeur à bien accueillir la requête. Il manda à son ministre, à la date du 9 avril 1670, qu'il accorderait l'établissement dans ses états à quarante ou cinquante familles ; et le 21 mai suivant parut l'édit qui les autorisait à s'établir dans le pays et à y exercer leur culte dans des maisons particulières, mais non dans des synagogues publiques.

Quelques membres de la famille Frankel s'établirent à Berlin, d'autres à Francfort-sur-l'Oder, d'autres enfin à Dessau, patrie de Mendelssohn. On doit à cette famille d'importants établissements typographiques pour la littérature

______

(1) *Archives isr.*, t. XI, p. 306.

hébraïque, qui donnèrent naissance à de fort belles éditions des principales œuvres rabbiniques.

Revenons maintenant au premier-né, que nous avons réservé et placé ici en troisième lieu, parce qu'il mérite une attention plus particulière.

XXXII

Le fils aîné de don Isaac Abravanel se nommait Juda ou Léon (souvent aussi Léon Medigo). Le nom de Léon était très-commun parmi les juifs d'Espagne, de Provence et d'Italie, et de là il s'est répandu dans toute la France (1); généralement ceux qui, en hébreu, s'appelaient Juda, adoptaient le prénom de Léon ou Leone (lion) par allusion à un passage de la bénédiction de Jacob (Genèse, XLIX, 9): « Juda est un lion vigoureux. » — Il était né à Lisbonne, probablement vers 1470, et il mourut en 1530.

Il était tellement aimé à la cour d'Espagne, qu'on ne voulait pas le laisser partir et qu'on l'eût volontiers retenu, bien entendu comme chrétien. Dans cette intention, l'ordre fut donné de ne pas le laisser partir de Tolède, ou de s'emparer au moins de son jeune fils âgé d'un an, de baptiser promptement cet enfant et de retenir ainsi le père en Espagne. Mais Juda eut connaissance de cet attentat à sa liberté, envoya en secret son fils avec sa nourrice, comme un bien volé, à la frontière portugaise. Il ne cherchait pas de refuge dans ce pays où son père avait failli périr, mais il se rendait à Naples ! En effet, il ne s'était pas trompé ; car, lorsque Juan II apprit que le petit-fils d'Abravanel était en Portugal, il ordonna de le retenir en otage, et l'enfant fut baptisé. En apprenant cette sorte de meurtre, de mort vivante pour son jeune Isaac, le père fut frappé d'une douleur sans bornes, qui fut le chagrin de toute sa vie et à laquelle il donna un libre cours dans un poëme élégiaque composé sur ce sujet (2).

---

(1) S. Munk, *Mélanges de philosophie juive et arabe,* Appendice, nº IV, Notice sur Léon Hébreu, p. 522.

(2) Reproduit par M. Carmoly dans le *Otsar Nechmad,* t. II, p. 57.

Léon, auquel on donna le surnom d'*Hébreu*, accompagna partout son père, dont il partagea les revers de fortune ; et après la mort de ce dernier, il s'établit comme médecin à Naples et plus tard à Gênes, où il fut très-estimé. Il y composa, vers l'an 1503, des poëmes hébreux, dont l'un était une élégie sur ses premières infortunes. A cette même époque, il publia en latin un petit traité sur la médecine (1) ; et, selon De Rossi (2), il aurait encore composé un drame musical sous le titre de Drusilla, manuscrit dont parle Tiraboschi dans son Histoire littéraire (t. viii).

Mais, ce qui le rendit surtout célèbre, ce furent ses *Dialoghi di Amore*, achevés dès l'an 1502. Cet ouvrage, qui a fondé sa réputation d'une manière définitive, a été composé en Italie ; la nation italienne rendait justice au mérite de cette œuvre, dont l'importance au point de vue de l'histoire et de la philologie était assez grande pour faire pardonner les défauts du style à l'étranger, élevé hors de la péninsule. Aussi, fit-elle grande sensation ; on en publia de nombreuses éditions et plusieurs traductions espagnoles et françaises : l'une est de Sarrasin, l'autre de Pontus de Thiard, et une troisième version appartient au seigneur Du Parc. Parmi celles-ci, on remarque la dernière, celle de Denis Sauvage, qui est dédiée à la reine de France, Catherine de Médicis, et qui porte le titre suivant : « Philosophie d'amour de M. Léon » Hébreu, traduicte en françoys par le Seigneur Du Parc, » Champenois (3). »

« Les dialogues de Léon Hébreu, dit M. Munk dans ses *Mélanges de Philosophie*, ont pour sujet principal l'amour, dans l'acception la plus vaste et la plus élevée de ce mot, l'amour sous ses divers aspects, dans Dieu et dans l'univers, dans l'humanité et dans les plus viles créatures, dans l'intelligence et dans les sens. C'est autour de ce centre que se groupent les considérations et les doctrines les plus variées,

(1) Geiger, dans le *Otsar Nechmad*, deuxième livraison, p. 225.
(2) *Diccionnario storico degli autori ébrei*, tome I, p. 29.
(3) In-12, Lyon, 1559.

les interprétations des traditions bibliques et des fables
grecques, entre lesquelles l'auteur fait souvent d'ingénieux
rapprochements. »

Cet ouvrage se rattache à la Kabbale, indirectement il est
vrai, et il mériterait sans doute une place distinguée dans
une histoire générale du mysticisme (1). Le philosophe y
emploie une nouvelle forme pour développer un sujet si aride ;
il se sert d'une métaphysique amoureuse inspirée par l'école
florentine sous la forme d'un dialogue entre Philon et
Sophia. De cette manière, il expose l'émanation de l'amour
et sa propagation de sphère en sphère, jusqu'à l'intelligence
humaine, et il met beaucoup de soins à expliquer les diverses
nuances que la théorie de l'émanation avait prises chez les
Arabes et les points sur lesquels Averroës diffère des autres
philosophes de sa nation (2), sans omettre de faire ressortir
en passant la supériorité de la religion juive. — Il ne faut
pas confondre ce Juda avec un riche juif de Créma, également appelé Léon Hébreu (3).

XXXIII

Malgré l'énoncé de ses convictions religieuses, quelques
auteurs ont prétendu que Léon abandonna la religion de ses
pères pour embrasser le christianisme, comme l'a soutenu
entre autres Moréri, dans son *Grand Dictionnaire historique
et critique*. Le dernier terme qualificatif ne saurait être qu'un
euphémisme : cet auteur ne pouvait pas avoir approfondi
toutes les matières qui faisaient partie de son vaste ouvrage.
Il devait par conséquent admettre, sans restriction ni cri-

(1) Ad. Franck, *La Kabbale*, ou philosophie religieuse des Hébreux,
préface, p. 17, notes 4 et 5.

(2) E. Renan, *Averroës et l'Averroïsme* (2ᵉ édition), deuxième partie,
chap. 1, § 6, p. 198.

(3) Bernardinus, *Acta sanctorum*, n° 219 :

« Leo Hebræus propter sui filii nuptias publicum convivium hic Cre-
» mae per octoduum celebravit et tum multi (Christiani) ad ejusdem
» epulas, ad choreas, ad jocos conveniunt. »

tique d'examen, toutes les communications qui lui étaient faites et auxquelles il était obligé d'avoir recours ; ce qui donnait lieu à de fréquentes confusions. Voici, par exemple, comment il s'exprime à notre sujet : « Il (Abravanel) laissa trois fils : Juda, Joseph et Samuel ; l'aîné a été médecin et assez bon poëte ; Joseph l'accompagna jusqu'à sa mort ; Samuel embrassa le christianisme. » Tel était donc, on le voit, l'état confus de ses connaissances, que même, au sujet d'une accusation aussi grave, il ne savait distinguer entre les noms, avant de porter un tel jugement de l'un sur l'autre.

Pourtant cette accusation ne concerne que Juda ; et, en effet, tout ce fait examiné de près n'a pas le moindre fondement. Il est vrai que, dans un passage du troisième dialogue de Léon, saint Jean l'évangéliste figure à côté d'Hénoch et du prophète Élie, desquels il est dit « qu'ils sont immortels en corps et en âme. » Ce texte a pu induire en erreur des hommes qui n'ont pas lu avec assez d'attention tout le passage où se trouvent ces mots, et ils ont cru devoir en conclure l'apostasie de Léon Hébreu. Elle était déjà tellement incarnée au milieu du xvie siècle, qu'elle fut propagée davantage, lorsqu'en 1535 parut à Rome une nouvelle édition des dialogues (in-4°), à laquelle on donna le titre suivant : « *Dialoghi di amore, composti per Leone Medico, di natione* » *ebreo e di poi fatto christiano.* » — Mais Wolff (1) a suffisamment démontré que ces mots du texte : « *Et ancora san Giovanni Évangllista,* » sur lesquels l'erreur est basée, ont été interpolés par les censeurs romains.

D'ailleurs, ces fausses assertions se contredisent. Les auteurs qui se sont laissés égarer par ces apparences supposent la conversion du fils d'Abravanel après la mort de don Isaac, et ils ne prétendent la prouver que par le passage déjà cité des dialogues de Léon. Mais, ils oublient que son père est mort au plus tôt en 1508, et que le philosophe dont il s'agit ici avait de son côté terminé son ouvrage dès 1502 : « Siamo » secondo la verita hebraica et cinque mila ducento sessanta

____

(1) Wolff, *Bibliotheca hebræa,* tome III, p. 848. Cf. S. Munk, *l. c.*

» due, del principio della creazione (1). » Or l'an 5262 de la
création du monde correspond à 1502 de l'ère vulgaire.

Il est à remarquer en outre que l'on trouve dans les dialogues un grand nombre de passages qui prouvent que le
philosophe n'avait pas abjuré la foi de ses ancêtres. Il a
plusieurs fois l'occasion de parler des œuvres de Maïmonide
et d'Avicebron, docteurs célèbres qu'il compte parmi ceux
de sa nation propre : « Il nostro rabbi Moïse ; il nostro Alben-
zubron. » De plus, comme nous l'avons vu par le passage
cité plus haut, il se sert pour la supputation des années du
calcul des juifs, de préférence à celui des chrétiens. Enfin,
l'auteur s'exprime d'une manière bien précise à cet égard
dans un autre passage ; il y fait connaître ses convictions
religieuses dans les termes les moins équivoques : « Nous
» tous, dit-il, nous professons la religion de Moïse, etc. »
Cette erreur provient d'une confusion des historiens, qui ont
peut-être attribué au père ce qui se rapportait au fils baptisé
de force, comme nous l'avons vu précédemment.

Aussi ses contemporains ou ses successeurs les plus proches
se sont-ils accordés à rendre hommage à la vie pieuse du docteur, ce qu'ils n'eussent jamais fait pour un rénégat. Il est
cité comme israélite par Irira ou Héréra (2). Deux auteurs
du xvie siècle, Ghédalia Ia'hia, dans son livre d'histoire
juive, et Azaria de Rossi dans ses œuvres, ainsi qu'au commencement du xviie siècle, Immanuel Aboab dans sa nomo-
logie (3), tous accordent à sa mémoire des éloges et de justes
hommages, dûs à un homme de bien. — C'est un ancêtre de
cet Aboab qui tint une si noble conduite au moment de
l'exil (4).

---

(1) *Dialoghi di amore di Léone Ebreo* (édition de Venise, 1572, in-12,)
fol. 174a ; cf. 10Ja, 154b et 174a.

(2) *Porta Cœlorum* (ouvrage cabalistique), deuxième dissertation,
chapitre ii.

(3) *Nomologia o discursos legales.* En Amsterdam, anno 5487-1747,
p. 326-327.

(4) Immanuel Aboab, II, c. 27 : «... luego que en fin de Março del
ano 1492 hizieron en Grenada la prematica contra los judios, se fue e

XXXIV

Outre ces travaux, Léon composa à l'éloge de son père un poëme hébreu, reproduit en tête des Commentaires sur les derniers prophètes, et dont les dix-huit premiers vers donnent sous forme d'acrostiche les noms de Juda fils d'Isaac Abravanel.

En voici quelques fragments dont la traduction, s'adaptant facilement au texte, le suit dans chaque strophe; et, bien qu'ils perdent toute leur valeur à la traduction, ils auront du moins l'avantage de nous fournir un échantillon de la structure de ce genre de pièces par Juda Abravanel, tout en nous ramenant à l'objet principal de notre sujet :

> L'Eternel, en donnant la sagesse aux hommes,
> Forma le dernier des humains à son image ;
> Par cette qualité, il l'a distingué
> Et l'a placé au-dessus de la brute.
> Pour qu'il use de ce don divin,
> Dieu lui a départi l'intelligence ;
> Il lui a fixé certaines lois de conduite,
> Tracées dans le livre par excellence.
> A cet écrit, plein de majesté,
> Dicté à Moïse par un souffle divin
> Pour raffermir les faibles dans leur voie,
> Il fallait une interprète digne de lui.
> Un homme vint : ce fut Abravanel,
> Descendant de la race de David,
> Des princes et des rois de Juda,
> Et fils de tant d'hommes illustres.
> Il réunit les plus belles qualités,

venerable Sabio (rabi Ishac Aboab), con otras treinta casas de nobles israelitas, a Portugal a consertar con el rey Juan II. Fueron bien recebidos del Rey. »

La grandeur d'âme, l'intelligence,
La justice, la piété éclairée,
Et au-dessus de tout la loyauté.
Ses conseils, pleins de sagesse,
Etaient estimés et admirés de tous ;
Des gouverneurs le consultaient
Et des rois l'honoraient de leur amitié.
Sa grande fortune ne lui servait
Qu'en faveur de ses coreligionnaires ;
Sans cesse debout sur la brèche,
Il les défendait de tout son pouvoir.
Là ne s'arrêta pas son activité ;
Sa science, son profond savoir,
Son admiration pour l'Ecriture Sainte,
Le ramenaient sans cesse vers les lois divines.
En dehors de ces érudits commentaires,
Le savant laissa après lui des œuvres nombreuses,
Témoignages éternels de son érudition,
Plus merveilleuses les unes que les autres.

XXXV

SES CONTEMPORAINS.

En traitant au long la vie et les œuvres d'Abravanel et de ses fils, nous avons eu occasion de parcourir à grands traits ce chapitre de l'histoire des Juifs en Espagne et en Portugal, et de signaler au moins les points saillants qui ont marqué leur exil de la péninsule. Il ne serait point mal à propos de consacrer encore un coup d'œil de synchronisme à la situation des Juifs en Italie, ou d'autres pays où ils purent se réfugier.

D'ailleurs, il a déjà été question à deux reprises (§§ 6 et 18) d'un rabbin de l'Italie, Rabbi Ie'hiel de Pise, avec lequel don Isaac était en correspondance. Ces maîtres devaient jouir tous deux d'une renommée fort étendue pour qu'à cette époque, malgré la rareté et la difficulté des relations, ils aient tenté de se rapprocher et de se porter une aide mutuelle dans leurs occupations politiques ou littéraires et dans leurs projets. Cela résulte d'un précieux document, daté de 1472, conservé jusqu'à nous (publié par M. Carmoly), et qui sert à nous donner quelques renseignements historiques sur les faits contemporains et sur la situation générale de l'israélitisme à cette époque. C'est une longue lettre familière, un peu diffuse, sans beaucoup de suite, et dont nous présentons ici la substance qui puisse intéresser le lecteur :

« Il y a un an, à pareille époque, j'ai reçu la lettre dans laquelle tu te plains des tribulations auxquelles tu es exposé. comme tous tes coreligionnaires, et de ce que, dans les États pontificaux eux-mêmes, on ne pratique plus la justice.

» Je veux, à mon tour, te dire les calamités dont les nôtres ont été l'objet, motif pour lequel je n'ai pas eu de repos depuis six mois. Mon maître, le roi Alphonse V, vient de se mettre en campagne pour aller conquérir la petite ville d'Arzille au Maroc, port de mer situé près de Tanger. Le 20 août 1471, le roi partit à la tête de trente mille hommes et d'une flotte de quatre cent soixante-dix-sept vaisseaux. Devant une telle armée, l'ennemi ne fit pas longue résistance : d'abord Arzille, et quatre jours après Tanger, furent prises, et les Arabes y perdirent sept mille hommes (1), dont deux mille morts et cinq mille blessés ou prisonniers (ce qu'Abravanel estime au chiffre rond de dix mille hommes).

Dans ces deux villes, les vainqueurs usèrent des droits de conquérants et pillèrent toutes les maisons. Les israélites, dispersés dans les divers quartiers, en souffrirent également beaucoup; mais, par un effet miraculeux et particulier de la Providence, pas un d'eux ne tomba sous le fer ennemi. Toutefois, ils quittèrent les villes mises à sac, affamés, ruinés, dépourvus du nécessaire, au nombre de deux cent cinquante; et les nobles d'entre eux furent emmenés en captivité.

(1) Schæfer, *Histoire du Portugal*, t. II, p. 523.

Une commission de douze membres, suivant le nombre des tribus d'Israël, fut nommée et chargée du soin de racheter nos frères et de les délivrer. Nous avons fait des démarches nécessaires auprès des autorités civiles et militaires pour arriver à ce résultat; et, je dois le reconnaître, l'on n'a fait aucune difficulté à cette proposition de rachat qui devait enrichir le fisc. Dans l'espace de dix jours au plus, nous avons opéré la délivrance de cent cinquante personnes, au prix de « dix mille doublons dor, » mais nous ne regrettons point l'importance de la somme donnée, en considération de la valeur d'un devoir accompli. Nous ne nous sommes pas contentés de rendre la liberté à ces gens dénudés, sans pain, sans famille, et ne sachant même pas s'exprimer dans la langue de ce pays. Nous les avons réunis en familles, nous leur avons donné des maisons, des vêtements ; nous les avons pourvus de ce dont ils ont besoin, et nous les entretiendrons ainsi jusqu'à ce qu'ils sachent le portugais, que leurs enfants apprennent déjà.

Il ne reste plus qu'une trentaine de captifs, qu'il n'a pas dépendu de nous de pouvoir délivrer. Les maîtres, au pouvoir desquels ces captifs sont soumis, sont absents en ce moment, occupés par de longs voyages maritimes. Mais ils ne tarderont pas à revenir et nos frères seront délivrés, grâce à celui qui délivre les faibles des mains de l'*oppresseur* (1).

Mon roi envoie maintenant au pape des ambassadeurs, chargés de lui présenter ses hommages et de lui donner l'assurance de son respect et de sa profonde soumission. Ces deux ambassadeurs sont les conseillers intimes du roi, le prince Lopez d'Alaméda, et un de ses médecins, le docteur Joaño Djezeras, qui veut bien se charger de te remettre ma lettre. Chaque fois que les circonstances le permettent, il s'intéresse au bien-être et au bonheur de nos coréligionnaires. Aussi, par affection pour moi, il s'est chargé d'intercéder auprès du pape en faveur des communautés israé-

---

(1) L'auteur a fait ici un jeu de mots en écrivant מצרים, qu'on peut lire *metsârim* (oppresseurs), ou *mizraïm*, par allusion à la captivité d'Égypte.

lites dans leurs rapports avec les ecclésiastiques et de lui présenter à cet effet un mémoire contenant nos vœux. Fais-moi le plaisir, dans l'intérêt de notre cause commune, de dire à ces deux envoyés de quelle belle renommée notre roi jouit partout, jusqu'en Italie. C'est, en effet, un prince fort juste et très-bienveillant pour son peuple; il aime les Juifs et les protége avec beaucoup d'équité. Comme, en outre, le docteur est un excellent cœur, fort bien disposé en notre faveur, tu feras bien de lui rappeler ce que nous désirons et de lui fournir tous les renseignements dont il aurait besoin pour réussir. Lorsqu'il verra que tu partages aussi bien mes idées, tes bonnes paroles l'encourageront à nous soutenir, et tu n'auras qu'à te louer des relations que vous aurez eues. Probablement, il te communiquera alors ce qui fait l'objet, la raison d'Etat, de cette ambassade.

Comme tu m'en as exprimé le vœu, je t'envoie le commentaire sur les Hagiographes de R. David Kimchi, du moins les diverses parties que j'ai pu en réunir, à l'exception du commentaire sur les psaumes que tu possèdes déjà. La meilleure partie est celle qui traite de Job, et je te la recommande tout particulièrement. En même temps, je soumets à ton jugement deux opuscules dont je m'occupe en ce moment: du premier, je ne puis encore t'annoncer que le titre et le plan; c'est un commentaire sur le Deutéronome, que mes occupations officielles et mes voyages m'ont empêché de rédiger jusqu'à ce jour, et que je promets de terminer aussitôt que possible. Le second, intitulé *Atéreth Zekénim* (couronne des vieillards), que je te présente, est peu étendu et te paraîtra encore moindre relativement au titre. Mais j'espère que tu apprécieras ma situation et mon manque de loisirs, et ton intelligence saura suppléer à la défectuosité de l'exposition. Tes yeux y distingueront les moindres détails qui échapperaient à d'autres, parce qu'ils ne sont pas suffisamment développés. Au moins, ce petit écrit servira à te donner une idée du plan général de mes études bibliques; tu verras si je me contente de suivre la routine ordinaire, ou si j'ai fait quelque faux pas. Accueille donc ce mince volume, quelque

modeste qu'il soit, comme un pieux souvenir de nos relations amicales.

Tu sais aussi combien mes enfants et ma femme te sont
attachés ; celle-ci a voulu te donner, ainsi que moi, une
preuve de sa sympathie, en t'envoyant, non un ouvrage, mais
un cadeau de sa façon et assez singulier : c'est une jeune
négresse, venue ici d'Afrique, que ma femme met au service
de la tienne. Le présent semble bizarre, mais il servira à
reserrer notre amité. C'est le docteur qui se charge de la
présenter en notre nom, car c'est chez lui qu'elle a été ac-
cueillie et qu'elle a vécu tout le temps qu'elle a passé ici.

Je fais les vœux les plus sincères pour ton bonheur et
celui de toute ta famille, et je te renouvelle l'assurance de
mon affection bien dévouée.

Écrit à Lisbonne, l'an 5232 de l'ère juive (1472 de l'ère
vulgaire), et signé Isaac, fils de Don Juda Abravanel. »

Dans un post-scriptum, celui-ci prie encore son ami de
lui dire si le pape est bien disposé en faveur de ses coreligionnaires, et s'il y a des médecins juifs auprès du pape, ou
auprès des cardinaux, ou dans les États pontificaux.

En effet, malgré l'existence d'une vieille faculté de médecine à Salerne, il n'y avait que peu de médecins chrétiens
capables d'exercer ; en conséquence, les Juifs avaient accès
auprès des princes ou souverains, et influaient d'une manière notable sur le sort des leurs. Un célèbre médecin juif,
Gulielmo di Portaleone, de Mantoue (1), fut d'abord médecin
du roi Ferdinand I⁰ʳ, de Naples, et élevé par lui à la dignité
de noble du royaume ; puis il entra au service du duc de
Milan Galeazzo Sforza, et enfin en 1479 il fut attaché comme
médecin au duc Ludovico Gonzaga.

XXXVI

Celui auquel don Isaac s'était adressé par l'intermédiaire
de son ami et ambassadeur extraordinaire, était très-puissant

____

(1) Carmoly, *Histoire des médecins juifs*, p. 130.

en Italie; car le marché financier de la Toscane était dominé par le rabbin Jéchiel de Pise. Ce commerce habituel de l'argent n'en fit pas un homme égoïste et sans cœur, comme des ecclésiastiques ont bien voulu le supposer; mais un homme imbu des plus nobles sentiments, et animé d'une générosité sincère, en vertu de laquelle il était sans cesse disposé à secourir les pauvres par sa fortune et consoler les malheureux par des conseils et des bonnes actions. Aussi, lorsque les exilés d'Espagne eurent le bonheur d'atteindre le port de Pise, ils furent l'objet de l'accueil le plus fraternel de la part de cet ami d'Abravanel, qui avait pour ainsi dire fixé sa résidence près de ce port, afin de les recevoir, de les entourer de soins et de pourvoir à leurs besoins ultérieurs et à leur existence.

Un moine fanatique, Bernardinus de Feltre, s'exprime ainsi dans le recueil *Acta sanctorum* (n° 216) au sujet d'un Juif notable de Pise : « Advolavit etiam huic rei evertendæ (monti pietatis) *Judæus Pisanus*, omnium hujus gentis fœneratorum, qui per Tusciam erant dispersi, primarius et director. ac clam distributis viginti millibus auri Florenorum, consules Florentiæ corrupit. »

Ce *Judæus Pisanus*, dit M. Graetz, est sans aucun doute identique avec Jechiel de Pise, auquel Ghedalia Ibn-Iachia attribue précisément les mêmes faits dans son livre historique *Schalschelet ha-kabbalâ* (p. 52).

En Navarre, l'inquisition avait éprouvé beaucoup de résistance de la part du gouverneur et du peuple. Lorsque quelques marannos, accusés de complicité pour le meurtre de l'inquisiteur Arbues, s'enfuirent dans ce royaume, et que les juges sanguinaires des hérétiques demandèrent leur extradition, la ville de Tudèle déclara qu'elle ne souffrirait pas de violentes attaques contre des innocents placés sous sa protection. En vain, Ferdinand la menaça de sa disgrâce et de sa colère; les bourgeois de Tudèle eurent assez de fermeté pour résister. Toutefois le prince Jacques de Navarre fut moins heureux en donnant asile à un maranno fuyard. L'inquisition s'en empara subrepticement, l'emprisonna et le condamna comme ennemi du Saint-Office à être honteusement exposé dans une Église, pour y entendre le résumé de ses griefs (1).

Des Juifs de Saragosse et d'autres villes du nord de l'Espagne avaient demandé à la ville de Tudèle l'autorisation de s'y rendre, et ils comptaient recevoir une réponse favorable. Le roi Juan d'Albret et la reine Catherine étaient bien disposés envers eux. Mais les habitants étaient animés à leur égard de sentiments de haine : ils consultèrent ceux de Tofalla, qui leur répondirent négativement (2). Malgré cette opposition, un grand nombre de Juifs castillans y pénétrèrent et furent principalement reçus par le prince de Lérin (3). Mais cette admission ne fut que de courte durée ; car, sur les remontrances de Ferdinand, ils durent, ou quitter le pays, ou se laisser baptiser.

Les plus heureux furent ceux qui prirent leurs précautions à temps, et émigrèrent en Italie, en Afrique et en Turquie. Les Juifs d'Espagne et de Portugal jouissaient d'une telle renommée, et l'exil de 1492 eut un tel retentissement, que toute l'Europe intelligente s'offrit à l'envi pour les tirer d'embarras, et leur fournit, avec des vaisseaux de Gênes et de Venise, tout ce qu'il leur fallait, afin d'agrandir ainsi le commerce d'importation (4). Un grand nombre de Juifs, ceux d'Aragon, de Catalogne et de Valence, avaient jeté les yeux sur Naples, et avaient envoyé auprès du roi d'alors, Ferdinand Ier, des députés chargés de solliciter l'autorisation pour les Juifs de venir s'y établir. Le roi s'intéressa vivement au sort de ces malheureux, accorda l'objet de leur demande et leur ouvrit ses ports, où ils furent reçus par leurs coreligionnaires italiens, habitants du pays le plus tolérant de cette époque.

Les relations commerciales des riches et florissantes républiques de Venise, de Florence, de Pise, etc. avaient contri-

(1) Janguas y Miranda, *Diccionario de las Antiguidades de Navarra*, II, p. 85.

(2) Kayserling, *Geschichte der Juden von Navarra*, p. 212, note L.

(3) Lindo, *History of the Jews in Spain.* p. 287.

(4) Chronique d'Élia Kapsali, dans la traduction du *Émek ha-Bacha*, par M. Wiener.

bué à refouler tout sentiment d'exclusion religieuse et à élargir le principe de la liberté de croyance, surtout sur une terre où, voyant de près la conduite des papes et du clergé, le peuple ne se laissait pas fanatiser par les ecclésiastiques dépourvus de l'influence morale que procure une vie austère. C'est ainsi que les intérêts de l'Église durent céder le pas aux intérêts financiers de ces nations commerçantes; celles-ci ne dédaignaient plus d'avoir des rapports d'affaires même avec des non-catholiques. Aussi, dans toute l'Italie, les Juifs furent-ils favorablement reçus en leur qualité de possesseurs de capitaux et de conseillers prudents; ainsi, par exemple, lorsque la ville de Ravenne voulait s'allier à la république de Venise, et qu'elle fixa les conditions de l'alliance, elle demanda entre autres que de riches Juifs y fussent envoyés pour y ouvrir une banque de prêts, afin de porter remède à la pauvreté du peuple (1).

Dans plusieurs villes italiennes, les capitalistes juifs reçurent des princes ou des gouvernements des priviléges étendus, pour ouvrir des banques, produire des affaires d'argent et prélever des intérêts fort élevés ; même l'archevêque de Mantoue déclara en 1476, au nom du pape, qu'il était permis aux Juifs de prêter sur intérêt (*Ha-Maskir*, 1, 17). Les lois canoniques sur l'usure ne purent résister à l'intérêt général des populations. Ainsi que les souverains, les règlements et statuts des communes protégeaient les Juifs de la concurrence ; les rabbins menaçaient de l'anathème ceux qui prêtaient de l'argent à intérêt sans autorisation supérieure.

Ce n'est pas sans raison que la plupart des princes européens, et surtout le Parlement de Paris, blâmèrent amèrement la folie de Ferdinand et d'Isabelle, d'avoir expulsé de leurs territoires une classe de citoyens aussi utiles (2). C'est à ce sujet que le sultan Bajazet fit la remarque suivante :

(1) Rubens, dans les *Acta Sanctorum* (Bollandistes), septembre, t. VII, p. 925, n° 348.

(2) Abarca, *Reyes de Aragon*, t. II, p. 310 ; Lafluente, *Historia general de Espana*, IX, p. 414.

« Vous appelez Fernando un roi sage, lui qui a appauvri son pays et enrichi le nôtre ! »

Ils eurent d'autres maux à supporter, comme l'atteste le contemporain Senarega (1), en abordant le port de Gênes. Selon d'anciennes coutumes de cette ville, les Juifs ne pouvaient y séjourner plus de trois jours ; et, comme les vaisseaux sur lesquels les Juifs devaient être transportés plus loin avaient besoin d'être radoubés, le conseil décida que les Juifs pourraient rester, non dans la ville même, mais sur le rivage près du môle, autant de temps qu'il faudrait pour ré-appareiller les vaisseaux. Ils sortirent alors des vaisseaux, semblables à des fantômes, amaigris, pâles, sans le souffle, l'œil éteint; si on ne les eût vus quitter le navire, on les eût pris pour des cadavres. Les enfants mourants de faim se laissaient entraîner à l'Église pour un morceau de pain et baptiser par des chrétiens non contents d'accepter de telles victimes, mais se plaisant encore à les envoyer au milieu de leurs frères avec du pain dans une main et la croix dans l'autre. Quoiqu'on ne leur eût accordé qu'un court espace de temps pour s'arrêter sur ce rivage, une partie de l'hiver passa avant l'achèvement des travaux de réparation ; ainsi, diminua sensiblement le chiffre de ces malheureux, décimés par des plaies de toute espèce et par les conversions des enfants.

Un grand nombre des exilés se rendirent dans les ports les plus rapprochés des côtes de l'Afrique, à Oran, à Alger et à Bougie. Les habitants berbers, qui en présence de cette immigration en masse craignaient des encombrements dans leurs villes, tirèrent sur les malheureux au moment de leur débarquement et en tuèrent beaucoup; cependant, un Juif, bien reçu à la cour des Berbers, s'adressa au sultan en faveur de ses coreligionnaires et obtint pour eux un accès dans le pays. Ils ne furent toutefois pas admis au sein des villes, probablement à cause de la peur qu'inspirait la peste produite par cette agglomération d'hommes dénudés et dépourvus

____

(1) Dans Muratori, *Scriptores rerum italicarum*, t. XXIV, p. 531.

de tout; ils purent seulement, au devant des murailles de la ville, se construire des huttes de bois, pour lesquelles les enfants ramassaient du bois, et les parents en formaient des planches pour ces constructions provisoires. Jusque dans cet asile, le malheur les atteignit : un incendie ayant éclaté dans l'une de ces baraques, le feu les dévora presque toutes (1).

Ceux qui débarquèrent à Fez eurent un sort encore plus rigoureux. Repoussés par les habitants qui craignaient un renchérissement des vivres, ils vécurent dans les champs de la verdure et exposés à tous les maux. Des pères désespérés vendirent leurs enfants comme esclaves pour leur procurer du pain, et des mères les tuèrent pour les arracher à l'agonie de la famine. Des marins exploitèrent cette situation pour attirer à leur bord, par la vue du pain, des enfants affamés qu'ils enlevèrent malgré les cris de leurs parents et les vendirent dans des terres lointaines à prix d'or. Plus tard, cependant, sur la sollicitation des habitants juifs, le gouverneur de Fez fit proclamer que tous les esclaves acquis par la faim devaient être remis en liberté (2).

Quatre-vingts ans après l'expulsion, l'ambitieux roi don Sébastien poussa la noblesse portugaise à la guerre et l'entraîna à la ruine dans les sables de l'Afrique. Dans une seule bataille, la fleur des guerriers tomba ou fut faite prisonnière. Les captifs furent transportés à Fez et offerts, sur le marché d'esclaves, aux petits-fils des malheureux Juifs portugais. Les chevaliers et guerriers enchaînés se trouvèrent bien heureux d'avoir été achetés par ces Juifs, parce qu'ils connaissaient leurs sentiments humains (3); ils furent effectivement traités par ces descendants des exilés avec beaucoup d'aménité et de douceur, et ne se virent l'objet d'aucun ressentiment.

Voilà comment Israël se vengea !

(1) Chronique d'Élia Kapsali. Cf. Graetz, t. VIII, p. 369.
(2) Joseph Kohen, *Emek ha-Bacha*, p. 85.
(3) *Nomologia*, p. 308.